W0355860

Marcella Barth/Ursula Markus

Zärtliche Eltern

Marcella Barth (Text)
Ursula Markus (Fotos)

Zärtliche Eltern

Gelebte Sexualerziehung
durch Zärtlichkeit,
Sinnesnahrung, Körpergefühl,
Bewegung

verlag pro juventute

Umschlaggestaltung:
Heinz von Arx

5. Auflage 1996
© 1984, Verlag Pro Juventute, Zürich
Printed in Switzerland
ISBN 3 7152 0087 1

Vorwort

Die Arbeit an diesem Buch brachte mich unter anderem nach Itschnach. Ursula Markus, die Fotografin, kannte dort eine türkisch-schweizerische Familie, deren Kinder im geeigneten Alter für die Streichelspiel-Fotos waren. Wir machten alles für die Aufnahmen bereit, sprayten den Rücken des Kindes zur besseren Veranschaulichung mit Rasierschaum ein, und ich begann, meine Hände zum Rücken des Kindes sprechen zu lassen, als der Vater hinzukam, sich die Szene betrachtete und schliesslich sagte: «Bei uns in der Türkei hat das meine Mutter immer mit mir gemacht. Ich gebe meinen Kindern häufig eine Massage.» Zu meinem Erstaunen setzte er sich neben das Kind und fing an, dessen Rücken zu streicheln und zu massieren – ganz selbstverständlich, ganz natürlich – und fügte hinzu: «In meiner Familie ist dies eine Tradition. Wir lernen es von der Mutter oder von einem anderen Familienmitglied, und wenn wir eigene Kinder haben, so wird diese Tradition im Familienleben weitergeführt.»

Und so sind Fotos entstanden, die mein Anliegen stimmig und klar ausdrücken: die Einladung an die Eltern, Sexualerziehung doch nicht nur als ein Darüber-Reden aufzufassen, sondern auch als eine Chance, mit den Kindern zusammen neue Begegnungsformen auszuprobieren.

In diesem Zusammenhang möchte ich Ursula Markus meine grosse Freude über die schöne Zusammenarbeit ausdrücken. Ihre einfühlsame und diskrete Art zu fotografieren, hat es möglich gemacht, die vielfältigen Ausdrucksformen der kindlichen Sexualität einzufangen.

Fürs Mitdenken und die kritische Durchsicht des Manuskripts spreche ich Dorli Meili-Lehner und Jacques Vontobel von der Projektgruppe für Sexualerziehung am Pestalozzianum, Heini Nufer, dem Leiter des Marie-Meierhofer-Instituts, sowie meiner Schwester Lucie und meinem Freund Walti meinen herzlichsten Dank aus. Ein riesiges Dankeschön gebührt vor allem den Kindern Chantal, Nadine und Florin, deren Empfänglichkeit für Streichelspiele mich motiviert hat, meine Ideen weiterzuentwickeln.

Schliesslich danke ich Pro Juventute für die Bereitschaft, die Aussagen dieses Buches im Rahmen des Themas « Sexualerziehung » zu prüfen und in ihrem Verlag herauszugeben und zu verbreiten.

Marcella Barth

Inhaltsverzeichnis

Spielen ist sinnlich

Anhang

Erziehung zum Glücklichsein

«Der Körper ist mein Haus . . .»

. . ., hat eine Tänzerin einmal gesagt, «und ich weiss, dass ich mein ganzes Leben darin verbringen werde.»

Wir können unseren Körper nicht aussuchen, und wir müssen ein ganzes Leben lang darin **haus**en. Also eigentlich Grund genug, sich Gedanken darüber zu machen, wie man es sich darin einrichten möchte, damit es einem wohl ist.

Unser Körperhaus ist etwas Wundervolles, etwas Einmaliges. Und ausgerechnet dieses Wunder wird in der Erziehung so oft zuwenig beachtet. Wie unser Körper wächst und sich verändert, wie im Körper neues Leben entstehen kann, die Vielfalt von Empfindungen, die wir mit und in unserem Körper wahrnehmen können, all dies ist es wert, dem Kind nahegebracht zu werden.

Wir sagen: Ich **habe** einen Körper, und eigentlich müsste es doch heissen: **Ich bin mein Körper! Ich bin mein Körper mit allen Bedürfnissen und Gefühlen. Ich spüre Energie und Lebenskraft.**

Wahrscheinlich wünschen sich alle Eltern, dass ihre Kinder **glücklich** sind. (Mit «Eltern» sind hier und im folgenden einfach alle Erwachsenen gemeint, die mit Kindern zusammenleben oder sich mit ihnen beschäftigen.) In der Frage, **was** ein Kind zum Glücklichsein braucht, gehen die Meinungen allerdings weit auseinander.

Manche Eltern unternehmen grosse Anstrengungen, um die Talente ihrer Kinder zu fördern, und schicken sie in den Fussballklub, den Musik-, Tanz- oder Sportunterricht. Sie wollen ihr Kind auf das Leben vorbereiten und scheuen keinen finanziellen Aufwand für Lernspiele, Bücher und Nachhilfestunden. Intelligent sollen die Kinder werden, tüchtig und erfolgreich. Und bei alledem scheint manchmal das Naheliegende vergessen zu werden: **die Auseinandersetzung mit dem Körper, das Eingehen auf dessen Bedürfnisse und die Entwicklung seiner Empfindungsfähigkeit.**

Das Körperliche, vor allem, wenn es mit Sexualität zu tun hat, ist häufig ein Stiefkind der Erziehung. Aber gerade weil die Sexualität etwas Geheimnisvolles, etwas Überraschendes ist und als Lebenskraft vom Zeitpunkt der Geburt an im Fühlen und Denken des Kindes gegenwärtig ist, müssten wir uns als Eltern bewusst darauf einlassen. Schliesslich geht es um nichts Geringeres als um die Vorbereitung auf die Liebe: Liebe in all ihren Erscheinungsformen.

Wie wir Erwachsenen auf andere Menschen zugehen können, ob wir in der sexuellen Begegnung glücklich machen und uns beglükken lassen können, hat viel damit zu tun, wie wir als Kind Liebe und Sexualität erlebten. Um später Liebe geben zu können, muss das Kind Liebe erfahren haben. Um einen anderen Körper erspüren und auf dessen Bedürfnisse eingehen zu können, muss sich das Kind in seinem eigenen

«Haus» auskennen und sicher fühlen. Die Befähigung zur Liebe «ist uns nicht von der Natur als fertige Anlage mitgegeben, sondern entwickelt sich in unserer Lebensgeschichte.» (Kentler)

Der Begriff «Sexualerziehung» ruft bei manchen Eltern gemischte Gefühle hervor. Viele stellen sich darunter besonders heikle und schwierige Erziehungsaufgaben vor. **Unter Sexualerziehung möchte ich aber verstehen: sich Zeit nehmen zum Nachdenken darüber, wieviel Aufmerksamkeit, wieviel Raum der Sexualität im Familienleben geschenkt wird; Zeit nehmen, um sich zu fragen: «Auf welche Weise soll mein Kind Sexualität erleben? Was will ich dazu beitragen?»**

Aus Eindrücken wird Ausdruck

Was tun wir dafür, dass sich die Kinder in ihrem Körper «zu Hause» fühlen? Was unternehmen wir, damit das Kind eine gute Beziehung zu seinem Körper und somit ein gutes Körpergefühl entwickelt? Nehmen wir uns genügend Zeit für Spiele, bei denen das Kind seinen Körper ganz bewusst spüren darf? Geben wir dem Kind Raum, seinen Körper zu entdecken und neue Erfahrungen zu machen? Und schliesslich: Machen wir uns manchmal Gedanken darüber, wie wir uns selber in unserem «Haus» fühlen?

Die geistigen, seelischen und körperlichen Fähigkeiten des Kindes werden zur Entfaltung angeregt durch all die unzähligen Erlebnisse und Erfahrungen und die Eindrücke, die es im Laufe der Kindheit von seinen Eltern und seiner Umgebung empfängt. Für die meisten Eltern ist es eine Selbstverständlichkeit, dass sie dem Kind vielfältigste Anregungen zukommen lassen. Doch körperliche Erlebnisse werden häufig ausgespart. Dies ist deshalb schade, weil viel nachhaltiger, viel **eindrück**licher wirkt, was das Kind körperlich erfährt.

Ebenso prägend wirkt auch die Einstellung der Eltern zu ihrem eigenen Körper. Ob sie ihn bewusst erleben oder ob alles Körperliche umgangen, verdrängt und in die Heimlichkeit verbannt wird, hinterlässt beim Kind einen ersten und tiefen Eindruck. Wie wohl es sich in seinem «Körperhaus», in seiner Haut* ein Leben lang fühlen wird, hängt entscheidend davon ab, wie es in seiner frühen Kindheit seinen Körper erleben durfte.

* Die Wörter «Haut» und «Haus» haben sprachlich tatsächlich die gleiche Wurzel: «bedecken, umhüllen».

Ich schlage Ihnen vor, das Buch nun für eine Weile aus der Hand zu legen. Schliessen Sie die Augen und verweilen Sie bei den Bildern, die in Ihnen als Erinnerung auftauchen, wenn Sie an Ihre eigene Kindheit zurückdenken. Wie haben Sie als Kind Ihren Körper erlebt? Und wie fühlen Sie sich im Moment in Ihrem «Körperhaus»? Tun Sie Ihrem Körper auch manchmal etwas zuliebe, gehen Sie auf seine Bedürfnisse ein? Dass Sie sich zuerst über Ihre eigene Situation Gedanken machen, bevor Sie sich damit befassen, was für den Körper des Kindes von Bedeutung ist, scheint mir eine wichtige Vorbedingung. Wahrscheinlich werden Sie im Laufe der Lektüre feststellen, dass vieles von dem, was für das Kind gilt, gar nicht so weit weg von Ihren eigenen Bedürfnissen ist. Nur wurden diese vielleicht durch die vielen Erwartungen, die an uns Erwachsene gerichtet werden, und durch den Alltagsstress in den Hintergrund gerückt.

Bei all den vielfältigen Anregungen, für die hier plädiert wird, darf jedoch etwas anderes nicht vergessen werden: **Das Kind kann nicht immer nur aufnehmen.** Es ist kein Fass ohne Boden, in das man ununterbrochen «erzieherische Massnahmen und Anregungen» hineinschütten kann. Das Kind würde «platzen», wenn es all das Empfangene und Erlebte und die vielen Eindrücke nicht auch wieder umsetzen und **ausdrücken** könnte. Der Dichter Jean Paul fand dazu ein treffendes Bild: «Kinder sind wie Uhren. Man kann sie nicht immer nur aufziehen – man muss sie auch gehen lassen.»

Im Spiel, im Kontakt mit den Familienangehörigen und mit all den anderen Menschen, mit denen es zusammenkommt, muss das Kind die Möglichkeit haben, sich auszudrücken. Für die Eltern bedeutet das, **dem Kind Raum zu geben** für seine ganz persönliche Ausdrucksform und es darin gewähren zu lassen. Nun ist aber unsere Umwelt alles andere als kinderfreundlich. Wohnsituation, Verhältnis zu den Nachbarn, Strassenverkehr, öde Spielplätze oder Schulprobleme stehen oft unseren Bemühungen entgegen, dem Ausdrucksbedürfnis des Kindes Raum zu geben.

Kehren wir zum Ausgangspunkt zurück: **Ziel unserer Erziehung ist das Glück des Kindes. Damit das Kind als erwachsener Mensch das Glück einer erfüllten Liebesbeziehung erleben kann, muss es zwar Liebe erfahren, aber auch die Möglichkeit haben, seine Liebe zu zeigen.**

Vom Sinn der Sinne

Damit das Kind seine Anlagen und Fähigkeiten entwickeln und entfalten kann, braucht es Anregungen. All diese Einflüsse und Erlebnisse nimmt es mit seinen **Sinnen** auf. Unsere Sinne sind etwas Erstaunliches und Einzigartiges. Über unsere Sinne können wir uns die Welt erschliessen. Indem wir mit unserer Umwelt in Verbindung kommen, können wir für unser Leben einen Sinn finden. Unsere Sinnesorgane sind vergleichbar mit Instrumenten von einer Empfindlichkeit, die von technisch noch so ausgeklügelten Apparaturen kaum übertroffen werden kann.

Ein Mensch, der mit offenen und wachen Sinnen durch die Welt geht, ist **sinn**lich, ist ein Sinnenmensch. Nur wird «sinnlich» heute kaum mehr in dieser positiven Bedeutung verstanden. Ein Unterton von Lüsternheit, Wollust oder Schamlosigkeit schwingt mit. Unsere Zeit tut sich schwer damit, den Menschen in seiner Ganzheit, in seiner ganzen Sinnlichkeit zu akzeptieren.

Kinder sind noch sinnlich. Kinder wollen noch mit jeder Faser ihres Körpers ins Leben eintauchen und alles auskosten – grenzenlos! Sie wollen nicht nur brav über die Wiese spazieren, sondern sich mit dem ganzen Körper im Gras wälzen. Schoggicreme mit einem Löffel essen ist gut, sie mit der Zunge ausschlecken viel besser. Ein Blatt Papier reicht nicht fürs Zeichnen. Da wird über den Rand hinausgemalt. Die Hände werden bunt, der Tisch, die Kleider . . .
Am liebsten würde Farbe in die ganze Welt gebracht.

Kinder haben Lust zu leben. Nur wird ihnen dieser Appetit aufs Leben im Laufe der Jahre häufig verdorben. Immer mehr müssen sie sich der Welt der Erwachsenen anpassen, bis sie schliesslich gelernt haben, dass Lebenslust und Sinnlichkeit in dieser an einem kleinen Ort Platz haben.

«Fast jeder Mensch, wenn er über seine Kindheit ins Erzählen gerät, wird für Augenblicke wehmütig und ein wenig sentimental, denn fast jeder Mensch hat das Gefühl, mit der Kinderzeit, auch wenn sie schwer war, nicht nur Jahre, sondern auch noch etwas unbestimmtes anderes verloren zu haben: und zwar die Fähigkeit, so intensiv zu leben und zu empfinden wie damals. Als Kind war alles ganz anders. Als Kind war alles farbiger, bildhafter, lauschiger, stiller und lauter, zärtlicher und grausamer, winziger und riesiger; in der Kindheit hat sich alles irgendwie angefühlt, wohl- oder wehgetan; in der Kindheit gehörte zu jedem Geruch, zu jedem Bild, zu jedem Geräusch die entsprechende Furcht, die entsprechende Lust, ein Staunen oder ein Glück; als Kind war alles anders – sinnlicher. In unserer Kindheit bestand das ganze Leben aus Sinneseindrücken und aus Sinneserlebnissen. Und eben das ist es, was wir verloren haben: die Sinnlichkeit unserer Kinderzeit.» (Schmeer)

Kinder helfen uns, ein Stück von diesem einst verlorenen oder vergessenen Sinnenparadies wiederzufinden. Für Kinder ist alles neu, spannend, entdeckenswert, aufregend . . . Wenn wir dazu bereit sind, uns von ihrer Freude und Begeisterung anstecken zu lassen, dann werden wir von ihnen lernen können – lernen, die Welt wieder mit allen unseren Sinnen wahrzunehmen.

Eine Mutter erzählt: «Ein Erlebnis ist mir unvergesslich: Ich ging mit meinen Kindern über unsere Wiese, und plötzlich bemerkte ich, dass meine Tochter mit weit ausgebreiteten Armen durchs Gras lief. Sie wollte nicht nur mit den Augen sehen, sondern mit den Fingerspitzen, den Händen, den ganzen Armen. Ich machte es ihr nach und erlebte, wie alles schöner und intensiver wurde.

Seither habe ich immer wieder von meinen Kindern gelernt und fühle mich viel reicher, viel lebendiger, weil ich die **Welt wieder mit Kinderaugen betrachten und mit Kinderhänden begreifen kann.»**

Sinneserlebnisse – Nahrung für die Sinne

Der Körper wird über die Sinne und Sinneswahrnehmungen angesprochen. In einer Erziehung, die den Körper mit seinen Bedürfnissen und Empfindungen ernst nimmt, müssen wir deshalb die Sinne anregen und ihnen «Nahrung» geben. Bleiben wir beim Bild der Sinnesnahrung: «Natürliche Nahrung» ist sicher am wertvollsten, am «gesündesten». Die Natur bietet Erlebnisse für alle Sinne. Im Kontakt mit den Elementen, im Spiel mit Erde, Sand, Wasser, Pflanzen, Feuer,

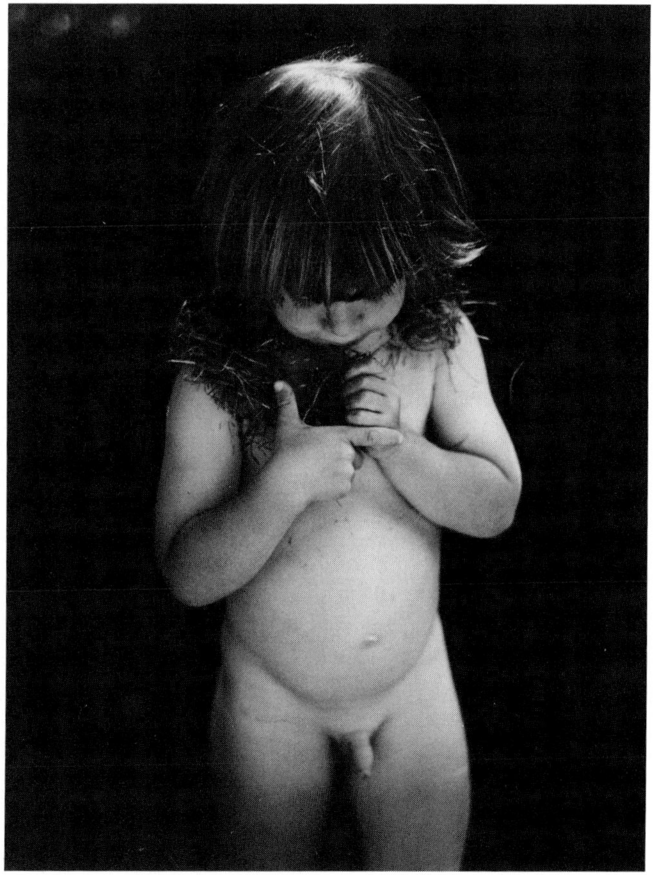

Tieren, Luft, Wind und Wetter tut sich dem Kind eine Welt auf, die nie langweilig wird, die unendlich viele Anregungen enthält.
Sicher ist es in städtischen Gebieten schwieriger als auf dem Lande, die Kinder in Berührung mit der Natur zu bringen. Aber vielfach findet das Kind Freude an etwas ganz Einfachem, Unauffälligem und kann sich stundenlang damit verweilen, wenn wir Erwachsenen nicht gleich mit Verboten oder dem Putzlappen aufkreuzen:

- Der Einjährige krabbelt durch die Wohnung und trifft dabei auf die grosse Topfpflanze. Schon graben sich die kleinen Händchen in die Erde und prüfen, wie sich das feucht und krümelig anfühlt.
- Es regnet. Das Kind steht an der Fensterscheibe und guckt hinaus. Dabei merkt es, wie sich die Scheibe beschlägt. Immer wieder haucht es auf die Scheibe und zeichnet Figuren mit dem Finger.
- Wenn es regnet, schützen wir Erwachsenen uns mit Schirmen. Kinder finden Spass daran, durch alle Pfützen zu rennen oder mit dem offenen Mund die Regentropfen aufzufangen.

Es braucht keinen grossen Aufwand, keine besonders originellen Ideen und ist mit keinen Kosten verbunden; es braucht nur die Bereitschaft der Eltern, sich auf diese Begegnungen mit der Natur einzulassen.

Die fünf Sinne kommen in unserer vertechnisierten Welt sehr einseitig zum Zug. Der **Sehsinn** hat gewissermassen die Hauptrolle übernommen, indem Kommunikation zunehmend visualisiert worden ist (Bilder, Texte, Film, Fernsehen, Video, Bildschirm usw.). **Sehen ist aber mit Distanz verbunden.** Ein grosser Teil unserer Wahrnehmung entspringt nicht mehr unmittelbaren Eindrücken und Erlebnissen, sondern wird uns durch verschiedenste Medien übermittelt.

Wenn ich den Satz «Die frischen Erdbeeren duften gut» lese, kann ich mir ihren Geschmack natürlich vorstellen. Aber die **Vorstellung,** die ich mir von den Erdbeeren mache, lässt sich an Intensität überhaupt nicht vergleichen mit dem **Erlebnis,** die Erdbeere zu pflücken, an ihr zu riechen und sie mit der Zunge genüsslich zu zerquetschen. Riechen, Schmecken und Fühlen sind nicht möglich ohne Kontakt, ohne direkte Berührung (ein Geruch muss schon sehr intensiv sein, damit wir ihn auf grosse Entfernung wahrnehmen können). Ohne dass das Essen unsere Zunge **berührt,** wissen wir nicht, wie es schmeckt. Wenn wir die Katze nicht mit unseren Händen **berühren,** wissen wir nicht, wie sich ihr Fell anfühlt. Der **Tastsinn ist mit Nähe verbunden, mit Kontakt.** Diese unumgängliche Nähe macht den Tastsinn in unserem Kulturbereich verdächtig, da man sich bei uns eher distanziert gibt. Jemanden, der immer alles anfassen und befühlen will, nennt man abschätzig einen «Töpli». Wie häufig wird doch den Kindern gesagt, wenn sie etwas mit ihren Händen erkunden möchten: «Nöd mit de Händ, nu mit de Auge luege!» Wieso rufen wir unsere Kinder, wenn wir ihnen etwas zeigen möchten, mit den Worten: «Chumm emal go luege!»? Eigentlich müssten wir sagen: «Chumm emal go **aalange,** go **gschpüüre!»**

Ich gehe besonders gern in Textilgeschäften einkaufen, weil ich da die Stoffe nicht nur anfassen darf, sondern sogar anfassen muss.

In anderen Kulturbereichen besteht häufig eine viel spontanere, direktere Beziehung zum Anfassen und auch zur gegenseitigen Berührung.

Eine Frau, die fünf Jahre in Taiwan verbracht hat, erzählt:

«Die Chinesen haben keine Scheu, ihre Mitmenschen anzufassen. Ganz neugierig haben sie mir jeweils über die Härchen an den Armen gestrichen. Sie halten sich auch oft ganz lange an den Händen. Ich fand es schön, von ihnen so herzhaft angefasst zu werden, auch wenn es anfangs etwas befremdend war, dass das Kindermädchen, das wir angestellt hatten, mir jeweils liebevoll die Wangen oder den Po tätschelte.»

In diesem Buch soll dem Tastsinn, der so oft vernachlässigt wird, besondere Aufmerksamkeit geschenkt werden. Von der Bedeutung des Körperkontakts, von der Haut, vom Berühren und Berührtwerden soll die Rede sein. Ich hoffe, dass diese Gedanken nicht nur über das Auge aufgenommen, sondern auch über die Hände einen hautnahen und handfesten Ausdruck finden werden.

Vitamine und Zärtlichkeit

Die Haut – Königin der Sinne

Ein Mensch kann leben, wenn er blind oder gehörlos ist, wenn er weder riechen noch schmecken kann; aber ohne die Funktion der Haut ist er nicht lebensfähig. Obwohl die Haut das grösste menschliche Organ* ist, nehmen wir sie eigentlich nur wahr, wenn sie sich «störend» bemerkbar macht, sei es bei einem Sonnenbrand oder wenn Fältchen und Runzeln entstehen. Die vielen für unser Leben wichtigen und vor allem auch angenehmen Eigenschaften der Haut werden als Selbstverständlichkeit hingenommen.

Das Tastempfinden ist über die ganze Hautoberfläche verbreitet: Wir nehmen mit den Fusssohlen die Beschaffenheit des Bodens wahr; wir spüren am ganzen Leib Berührungen; unsere Handflächen registrieren, wie sich andere Hände anfühlen; und eine ausserordentliche Empfindlichkeit kommt den Fingerspitzen, den Lippen, ja allen erogenen Zonen zu.

Augen und Ohren sind vor allem im Stadtleben einer Vielzahl von Reizen ausgesetzt, was oft dazu führt, dass nichts mehr richtig intensiv wahrgenommen wird. Die Haut ist von dieser Reizüberflutung viel weniger betroffen. Häufig ist sie «unterbeschäftigt». Am meisten miteinbezogen ist sie wahrscheinlich im dichten Menschengewühl oder wenn sie in der Natur den Einwirkungen von Wind, Wasser, Sonne oder Kälte ausgesetzt ist. Die Haut kann weder die Augen schliessen noch sich die Ohren zuhalten – sie ist in einem Zustand von ständiger Präsenz.

Die Bedeutung der Haut zeigt sich auch im Sprachgebrauch: Von einem empfindsamen Menschen sagt man, er habe eine **dünne Haut,** von seinem Gegenstück, er habe ein **dickes Fell;** gewisse Erlebnisse **gehen uns unter die Haut** oder lassen uns beinahe **aus der Haut fahren,** andere verursachen eine **Gänsehaut.** Wir nehmen **mit all unseren Poren** etwas auf, oder lassen es an uns **abprallen.** Wir **kommen in Berührung** mit anderen Menschen, die man möglicherweise **mit Samthandschuhen anfassen** muss, wir werden von etwas angenehm oder unangenehm **berührt.**

Wir nehmen über die Haut jedoch nicht nur konkrete Dinge wahr, die wir anfassen und berühren können. Unsere Haut ist auch sensibel für Schwingungen und Vibrationen, für all das, was sozusagen «in der Luft liegt». Wir spüren genau, wenn «dicke Luft» ist. Ein Baby ist tatsächlich mit so einer Art sechstem Sinn ausgestattet. Über seine Haut** nimmt es wie mit feinsten Antennen die Atmosphäre seiner Umgebung

---

* Die Haut erstreckt sich beim Erwachsenen über 1,8 m^2 und macht 16–18% des Gesamtkörpergewichts aus. Sie schützt unser Inneres vor Verletzungen und vor dem Eindringen fremder Substanzen; sie reguliert die Temperatur und ist Träger des Stoffwechsels. Sie reagiert auf Ausseneinflüsse wie Licht, Feuchtigkeit, Wärme und Kälte. Aber vor allem kann sie auch **spüren!**

auf. Bevor es differenziert sehen, hören, schmekken und riechen kann, spürt es, ob eine gespannte oder gelöste Stimmung herrscht. Auf Nervosität und Verstimmtheit reagiert der Säugling mit Unruhe und Geschrei, und es ist unmöglich, ihn zu beruhigen, solange man selber innerlich unruhig ist.

Wir sprechen vom Tastsinn. Aber dieses Wort, das so trocken klingt und den Eindruck erweckt, man würde sich zögernd und unbeholfen durchs Leben tasten, wird der erstaunlichsten Fähigkeit der Haut nicht gerecht: Sie ist **das** Sinnesorgan, das fast immer eine Wechselwirkung, eine Kommunikation bewirkt. Das Auge sieht, ohne dabei gesehen zu werden; das Ohr hört, ohne selber gehört zu werden; wenn der Mund schmeckt oder die Nase riecht, so hat das keine weiteren Auswirkungen. **Für die Haut gilt aber fast immer: Berühren und berührt werden.**

Ich möchte dies an einem Beispiel erläutern: Ich berühre eine Katze. Sie spürt meine Streichelbewegungen, die ihr mitteilen: «Ich mag dich.» Gleichzeitig spürt meine Hand aber auch das weiche Fell, geniesst das Berühren der Katzenhaare, wobei sie auch noch feststellt, ob es sich um lange oder kurze, seidenweiche oder struppige Haare handelt. **Berühren ist also immer Geben und Empfangen zugleich.**

Statt von Tastsinn würde man besser von **Berührsinn, Kontaktsinn oder Fühlsinn** sprechen.

** Dieses Phänomen in der kindlichen Entwicklung wird deshalb in neuerer Zeit auch als kutane Phase (vom lateinischen cutis = Haut) bezeichnet.

«Hast du dir schon einmal überlegt, wie sehr unsere fünf Sinne
zusammengehören? Sind sie nicht alle eine Erweiterung der Haut?
Sind sie nicht gleichsam die Fühler des Gehirns, die die äussere Welt
erspüren und erforschen?
Mit jeder Sinnesqualität öffnet sich eine neue Dimension, erweitert
sich das Universum, weit und weiter.
Wir riechen noch, was längst nicht mehr in Reichweite unserer Hände ist.
Das Hören geht noch viel weiter.
Und das Sehen . . . Wenn wir sehen, streicheln wir die Welt mit unseren Augen.
Aber alles beginnt mit der Berührung.
Die Sprache weiss mehr davon, als uns bewusst ist, und erinnert uns daran.
Sagen wir nicht:
„Ich möchte etwas begreifen",
oder auch: „Es berührt mich"?»

(Leboyer)

Vitamin Z

Die Sinne des Kindes brauchen Anregungen, sie brauchen Nahrung. Dass nun die Königin der Sinne nach besonders viel und besonders guter Nahrung verlangt, ist einsichtig. Die Nahrung, welche die Haut braucht, ist Zärtlichkeit – sie braucht das «Vitamin Z».

Die meisten Eltern in unserem Kulturkreis sind in der Lage, den Hunger ihres Kindes nach Nahrung zu stillen. Es ist für sie eine Selbstverständlichkeit, für gesunde und ausgewogene Nahrungsmittel zu sorgen. Sie achten auf Vitamine und Aufbauprodukte und sind für Abwechslung besorgt. Viele spüren aber, dass nicht nur der **Magen** des Babys nach Nahrung verlangt, dass auch die **Haut** gefüttert werden will. Das Baby zeigt durch Weinen und Schreien, wenn in seinem Innern **der Hunger** nagt. Manchmal schreit es und ist weder durch Stillen noch durch den Schoppen zu beruhigen. Es verlangt ganz einfach, dass sein äusserer Hunger, der Hunger seiner Haut nach Berührung, Zärtlichkeit und Geborgenheit, gestillt werden sollte.

Zärtlichkeit als Grundhaltung in der Erziehung hat nichts mit erdrückendem Auffressen zu tun, sondern mit der Fähigkeit, sich in das Kind einzufühlen, zu spüren, was es nötig hat, und dies mit Freude zu geben. Das Kind muss diese Haut- und Körpernahrung im Überfluss erhalten, ja, es soll geradezu darin baden und alles wie ein Schwamm in sich aufsaugen dürfen – ohne Gegenleistung erbringen, ohne mit Bravsein dafür danken zu müssen. **Zärtlichkeit ist ein Geschenk, das mit materiellen Leistungen nicht zu vergleichen ist.**

«Die Berührung ist die Wurzel.
Und so sollten wir mit ihr auch umgehen.

Wir müssen unsere Babys so nähren,
dass sie wirklich satt werden,
innen wie aussen.

Wir müssen zu ihrer Haut sprechen
und zu ihrem Rücken,
denn die hungern und dursten
und schreien
genauso wie ihr Bauch.

Wir müssen sie mit Wärme und Zärtlichkeit
genug und über-genug füttern.
Denn das brauchen sie,
so sehr wie Milch.

Berührt, gestreichelt und massiert werden,
das ist Nahrung für das Kind.
Nahrung, die genauso wichtig ist,
wie Mineralien, Vitamine und Proteine.
Nahrung, die Liebe ist.
Wenn ein Kind sie entbehren muss,
will es lieber sterben.
Und nicht selten
stirbt es wirklich.» (Leboyer)

Manche Eltern haben Bedenken, ihren Kindern Berührungen und Zärtlichkeit zukommen zu lassen, aus Angst, sie zu verwöhnen. Fachleute betonen aber immer wieder, dass es unmöglich ist, ein Baby zu verwöhnen. Die Befriedigung seiner Bedürfnisse ist eine absolute Notwendigkeit. Indem das Kind erfährt, dass seine Bedürfnisse ernstgenommen und befriedigt werden und es so immer wieder das wohlige Gefühl von Zufriedenheit erleben darf, entwickelt es ein Grundvertrauen in die Personen, die es betreuen, und in seine Umwelt. Es bekommt Vertrauen in sich selbst.

Dass Kinder, die zuwenig berührt werden, verkümmern, zeigt folgende grausame Geschichte, die man sich von Kaiser Friedrich II. (1194–1250) erzählt:

«Er wollte herausfinden, welche Sprache und welche Art des Sprechens Kinder entwickeln würden, wenn sie heranwüchsen, ohne dass jemand mit ihnen redete. Er gebot also den Pflegemüttern und Ammen, den Kindern die Brust zu geben, sie zu baden und zu waschen, aber nicht mit ihnen zu sprechen. Er hoffte dadurch zu entdecken, ob sie die älteste Sprache, also hebräisch, oder griechisch, lateinisch oder vielleicht die Sprache ihrer Eltern sprechen würden. Aber seine Bemühungen in dieser Hinsicht waren vergeblich, denn alle Kinder starben. Sie konnten ohne das Streicheln, die liebevollen Gesichter und die zärtlichen Worte ihrer Pflegemütter nicht leben.» (Montagu)

Erhalten Kinder zuwenig «Vitamin Z», so zeigen sich die Folgen nicht so augenfällig, wie wenn sie nichts zu essen oder zu trinken bekommen. Sie verhungern und verdursten nicht, aber sie können Verhaltensstörungen entwickeln, die allerdings erst mit einer Verzögerung von Wochen, Monaten oder Jahren sichtbar werden.

Man vermutet einen Zusammenhang zwischen gewissen Erkrankungen und einem Mangel an Hautkontakt in der frühen Kindheit. Die Haut ist ein ungemein sensibles Organ, und wenn sie nicht genug Nahrung bekommt, so wehrt sie sich; so will sie zum Beispiel mit Ausschlägen oder Ekzemen die Aufmerksamkeit auf sich lenken und sagen: «Ich bin auch noch da! Ich brauche Pflege, Aufmerksamkeit und Zuwendung!»

Die anregende, ja sogar heilende Wirkung des Hautkontakts zeigt dieses Beispiel: Ein amerikanischer Arzt wurde anfangs dieses Jahrhunderts durch die Düsseldorfer Kinderklinik geführt. «Die Räume waren sauber und ordentlich gehalten, aber er sah zu seiner Verwunderung, dass eine fette alte Frau ein sehr elendes und kränkliches Baby auf die Hüfte gesetzt hatte und so herumtrug. „Wer ist denn das?", fragte Dr. Talbot. „Oh, das ist die alte Anna. Wenn wir medizinisch alles für ein Kind getan haben und es trotzdem nicht gedeiht, geben wir es in ihre Fürsorge, und sie hat noch nie versagt."» (Montagu)

Kurz: Kinder brauchen Zärtlichkeit, um zu gedeihen. In unseren spontanen Reaktionen zeigt sich dies augenfällig: Wenn ein Kind schreit, wird kein Mensch auf die Idee kommen, es zu beruhigen, indem er ihm Bilder zeigt, ihm Worte zuschreit oder eine Schallplatte auflegt. Nein, das Kind wird in die Arme genommen, gestreichelt und liebkost.

Zärtlichkeit ist erotisch

Kleine Kinder kommen in ihrem Bedürfnis nach Streicheleinheiten meist noch auf ihre Rechnung. Ihr kuscheliges Äusseres – der verhältnismässig grosse Kopf, die rundlichen Gliedmassen und die tolpatschigen Bewegungen – bewirkt den Teddybär-Effekt: Die meisten Menschen reagieren spontan darauf, nehmen die Kinder in den Arm und liebkosen sie. Je älter die Kinder werden, desto spärlicher werden aber oft Zärtlichkeiten und Hautkontakt. Allmählich wird den Eltern bewusst, dass dieses kleine Wesen, mit dem sich so schön schmusen lässt, ein kleiner Mann oder eine kleine Frau ist, und sie bekommen Angst, dass dies alles nicht mehr ganz so harmlos, sondern irgendwie schon «sexuell» sei.

Kinder werden als sexuelle Wesen geboren. Sie fühlen und handeln jedoch ganzheitlich und lernen erst allmählich zwischen Liebe und «körperlicher» Liebe zu unterscheiden. Wenn ein Kind seine Eltern liebt, so auch deren Körper, deren Dasein; zum Anfassen, zum Greifen nah. Sicher und verlässlich, Wärme und Geborgenheit ausstrahlend. Über den Kontakt mit dem Körper der Eltern erhält das Kind immer wieder die Versicherung: Da ist jemand, der mich schützt, bei dem es sich wohlig kuscheln lässt, der mich gern hat. Die Wärme der Haut, die vertraute Berührung, die schützenden Arme, der zärtliche Blick, der bekannte Geruch, die tröstliche Stimme, all dies verkörpert die Gewissheit, dass die Eltern **da** sind.

Manche Eltern sind entsetzt, wenn sie bemerken, dass ihre Kinder sexuelle Regungen haben und dass sich diese ausgerechnet auf die eigenen Eltern richten. Aber die Eltern sind die ersten Personen im Leben eines Kindes, und es ist eine natürliche Erscheinung, dass sie vom Kind als Liebesobjekt gewählt werden.

Die zärtlichen Eindrücke, die das Kind von seinen Eltern empfängt, will es auf seine eigene Art mit Zärtlichkeit und Zuneigung **ausdrücken.** Haut- und Körperkontakt spricht die Sinne an und ist im besten Sinn des Wortes **sinnlich.** Nicht nur dem Kind, auch den Eltern bringt das Schmusen und der Körperkontakt eine Bereicherung des Sinnenlebens. Es ist schade, wenn die Eltern aus Angst, das alles würde zu «weit» gehen, diese sinnlichen und erotischen Schwingungen im Familienleben nicht zulassen können.

Auch grössere Kinder haben das Bedürfnis nach Körperkontakt, nur zeigen sie dies nicht mehr so unbefangen und offen. Aber sind denn die Rauf- und Balgspiele etwas anderes als eine Möglichkeit, getarnt als Kräftemessen, einen anderen Körper hautnah zu spüren?

Wo Liebhaben nicht mit Festhalten und Besitzenwollen verwechselt wird, besteht keine Gefahr von Abhängigkeit. Das Kind wird mit zunehmendem Alter seine Zuneigung aussenstehenden Personen oder anderen Kindern schenken wollen.

Die Frage ist nur, wo denn in unserem Alltag, der von Zeitdruck und Stress geprägt ist, die Zärtlichkeit noch Platz hat. Wie viele Menschen beklagen sich doch über die heutige Beziehungslosigkeit, über die Anonymität unter den Leuten, über die Isolation in den Wohnsilos? Sehr treffend hat die Jugendbewegung anfangs der achtziger Jahre unsere Umwelt «Grönland» und unsere Zeit «Eiszeit» genannt. Vielleicht hat auch die Flucht ins Vergessen und Abschalten, sei es durch Drogen, sei es durch übermässiges Konsumverhalten, entscheidend mit dem allgemeinen Manko an Zärtlichkeit zu tun. Wärme und Anteilnahme sind tatsächlich Mangelware geworden. Es wäre schön, wenn in unserer Überflussgesellschaft auch Zärtlichkeit im Überfluss vorhanden wäre.

Wenn das Kind am Beispiel der Eltern, der Freunde, Bekannten oder Verwandten sehen kann, wie erwachsene Menschen eine Liebesbeziehung leben, so wird sich ihm das als Bild einprägen. Ein Bekannter von mir erlebte dies als Kind auf ganz schöne Weise bei einem betagten Ehepaar: «Sie wohnten drei Stockwerke höher als wir, und ich fand immer einen Vorwand, um abends noch zu ihnen hinaufzugehen. Dann sassen die beiden alten Leute jeweils auf dem Sofa, hielten sich an den Händen, „schätzelten" miteinander und strahlten wie die Maikäfer.»

Zu sehen, dass Zärtlichkeit nicht nur für die Momente sexuellen Zusammenseins aufgespart wird, sondern einen selbstverständlichen Platz im Familienleben hat; zu sehen, dass die Eltern einander mit einem liebevollen Kuss begrüssen, mit einer warmen Umarmung trösten; zu sehen, wie sie miteinander schmusen und sich gernhaben oder wie sie einander beruhigend die Hand halten; zu erleben, was Streicheln und Be-

rührungen für die Eltern bedeuten – all diese Eindrücke werden die Art und Weise, wie das Kind andere Menschen berührt und streichelt, tief beeinflussen.

Das Recht, ja oder nein zu sagen

Alle Menschen erleben Körperkontakt auf ihre eigene Weise und drücken ihr Bedürfnis danach auf ihre eigene persönliche Art aus. Das Kind braucht einen Freiraum, um seine ihm eigene Form von Körperkontakt zu finden. Das Kind geht dabei seinen eigenen Weg und drückt sich auf eine Weise aus, die unter Umständen nicht immer unseren Vorstellungen entspricht.

Carl Spitteler beschreibt in seinen «Frühesten Erlebnissen» diese Situation: «War die Grossmutter leiblich zugegen, so liebkoste ich sie. Doch nicht etwa mit Küssen – pfui! Was haben die Grossen ewig mit ihren dummen Küssen! –, sondern mit zärtlichen Händen das traute Gesicht betastend, einerlei wohin, auf den Mund, auf Stirn und Augen, auf die unvergleichlichen runzeligen Backen. Es kam vor, dass sie mürrisch dreinschauen, schmälen, schelten wollte. Warum nicht gar! Strenge aus ihrem Munde? Das nahm ich gar nicht ernst, das lachte ich einfach weg.»

Nur allzu häufig werden alle Äusserungen, die nicht ins Schema passen, unterdrückt, während gleichzeitig der Drill zum gängigen Austausch von Höflichkeiten beginnt: «Gib schön s Händli!» «Tue ade winke!» «Gisch no äs Chüssli?» Dabei wird oft nicht darauf geachtet, welche Beziehung das Kind zu der betreffenden Person hat, ob es sich ihr auch echt nahe fühlt oder ob es seine Zuneigung möglicherweise nicht auf eine ganz andere Art beweisen möchte.

Eine Mutter: «Meine beiden Töchter gehen oft zu Verwandten in die Ferien. Mir ist aufgefallen, dass sie die Tante immer sehr liebevoll und lange umarmen, dem Onkel aber, zu dem sie eine weniger intensive Beziehung haben, ganz von sich aus nur die Hand geben.»

Kinder sind noch echt und geradlinig und haben ein untrügliches Gespür, einen «Riecher» für andere Menschen. In dieser sicheren Wahrnehmung dürfen wir sie nicht irremachen. Unter Umständen kann uns die Direktheit eines Kindes in «peinliche» Situationen bringen. Nämlich dann, wenn es uns mehr darum geht, wie wir selber vor den anderen dastehen. Was tun, wenn der fünfjährige Sohn klipp und klar erklärt, dass er seine Grossmutter zwar liebhat, dass es ihm aber irgendwie unangenehm ist, sie zu küssen und er sich dazu überwinden muss? **Es ist ein gutes Zeichen, wenn ein Kind genau spürt, wie unterschiedlich seine Beziehungen zu verschiedenen Menschen sind und wenn es dies auch ausdrücken kann.**

Wir erwarten von unseren Kindern, dass sie als Jugendliche ihre Freunde und Freundinnen sorgfältig auswählen, dass sie kritisch sind und ihre Zuneigung nicht wahllos verschenken. Diese innere Sicherheit im Umgang mit Menschen muss aber in langjähriger Erfahrung entwickelt werden. Voraussetzung dazu ist die Wahrnehmung der eigenen Gefühle.

Dazu ein Beispiel: Die Freundin der Mutter ist zu Besuch. Der dreijährige Sohn mag sie sehr gut, aber er will sie zum Abschied einfach nicht küssen. Nachher erklärt er der Mutter: «Weisst du, ich habe sie wirklich ganz furchtbar gern, aber das Küsschen wollte einfach nicht heraus!»

Der Dreijährige hat gespürt, dass er für das Küsschen nicht bereit war; er hat auf seinen

Körper und seine Gefühle gehört und dies klar ausgedrückt.

Je früher ein Kind Gelegenheit erhält, Verantwortung für sein Handeln zu übernehmen, um so sicherer wird es auch im Umgang mit anderen Menschen werden. Es liegt an uns, Kinder in ihren Äusserungen ernst zu nehmen und ihnen ihren Teil an Verantwortung zu überlassen.

Berührung – Sprache ohne Worte

Berührung ist nur **eine** Form von Zärtlichkeit, aber sie ist oft «ein**drück**licher» als ein zärtliches Wort, ein zärtlicher Blick oder eine Geste. Wenn wir jemanden berühren, so werden wir unausweichlich ebenfalls berührt. **Berührung ist immer Kontakt und Kommunikation:** «Durch meine berührenden Hände begibt sich mein Ich zum Anderen; durch meine berührten Hände kehrt es zu mir zurück.» (Jean Brun)

Über die Haut, über das Berührtwerden und über das Berühren erlebt das Kind eine Form von Verständigung, Kommunikation mit seinen Mitmenschen.

In Frankreich wird ein ungehobelter, kontaktarmer Mensch «un ours mal léché» («ä schlächt gschläckts Bäärli») genannt. Man bedient sich dabei des Bildes, dass die Bärenmutter ihr Junges beständig leckt. Sie leckt es auf diese Weise in die richtige Form, formt es gewissermassen zu einem «beziehungsfähigen Bären».

Auch für die Erwachsenen spielt die «hautnahe» Art von Kommunikation eine wichtige Rolle. Berührungen können uns oft mehr mitteilen als viele Worte.

Nehmen wir zum Beispiel die Begrüssung: Wenn wir jemanden mit einem Händedruck begrüssen, so verrät uns dies oft schon eine ganze Menge über die betreffende Person und kann in uns Gefühle von Sympathie oder Abneigung auslösen.

In der Begrüssung widerspiegelt sich die Beziehung. Förmliches Händeschütteln, liebevolle Umarmung, modisches Küsschen auf beide Wangen hingehaucht, saloppes Winken mit der Hand, ein herzhafter Kuss, eine steife Verbeugung, Kneifen oder Tätscheln der Wangen, über den Kopf streichen oder die eher unter Männern spielenden Varianten wie auf die Schultern schlagen oder einander vor die Brust boxen: Je nach Tiefe und Wichtigkeit der Beziehung wird die passende Form gewählt.

Solange Kinder noch nicht sprechen können, sind sie auf andere Kommunikationsmittel als die Sprache angewiesen. Sie haben deshalb die erstaunliche Fähigkeit, die Botschaften der Erwachsenen sehr genau zu verstehen, indem sie die Sprache des Körpers aufnehmen.

In den letzten Jahrzehnten hat sich die Entwicklungspsychologie vermehrt mit der vorsprachlichen Entwicklung des Kindes beschäftigt. Man beobachtete, dass Säugetiermütter die Wünsche und Bedürfnisse ihrer Jungen von Anfang an richtig deuten.

«Beim Menschen muss nicht nur der Erwachsene die Körpersprache des Kindes erlernen, sondern auch das Kind die des Erwachsenen.» Aber «entweder lernt das Kind auf diesem Gebiet sehr viel schneller als der Erwachsene, oder seine Kenntnisse der Körpersprache sind angeboren. Diese Fähigkeit beginnt erst zu schwinden, wenn das Kind sprechen lernt. Aber Kinder können noch bis ins Jugendalter sehr viel mehr über ihre Eltern und andere Erwachsene wissen, als sie in Worten ausdrücken können. Denn sie beherrschen, ohne sich dessen bewusst zu sein, noch immer einen gewissen Teil des Vokabulars der Körpersprache und erkennen die Lügen der Erwachsenen meist an dem Widerspruch zwischen Worten und Gesten, zwischen der Sprache des Mundes und der des Körpers.» (Borneman)

Der Körper lügt nicht. Wir nehmen wahr, wenn der joviale Tonfall im Gegensatz zu verkrampften Schultern steht. Freundlichkeit wirkt unecht, wenn sich der Kopf dabei von uns abwendet. Eine laute, herrische Stimme wird entlarvt, wenn die Hände zittern. Andererseits spüren wir auch Ehrlichkeit und Direktheit in Berührungen – ohne Worte. Mit unseren Händen, mit unserem Körper können wir uns unmittelbar ausdrücken – wir können loben, Mut machen, trösten, Zuneigung zeigen, Wut ausdrücken, zurechtweisen, beruhigen . . .

«Liebs Büseli – bösi, bösi Chatz!»

Berührungen lassen mich an die reiche Palette der Farben denken. Im Spektrum der Farben gibt es alle möglichen Nuancen und Zwischentöne. Berührung umfasst ein ebenso breites Spektrum: Manchmal ist sie hauchzart, manchmal wird sie **hand**greiflich.

In unserem Kulturbereich lässt sich beobachten, dass mit dem Älterwerden unter den Kindern eine Scheu entsteht, einander zärtlich zu berühren.

Eine Möglichkeit, um doch noch in den Genuss von Körperkontakt zu kommen, ist «Tarnung». Als Kräftemessen getarnte Berührung ist erlaubt. Das Kind läuft nicht Gefahr, ausgelacht zu werden.

Bei einem Freundschaftskampf oder einer Balgerei kommen Kinder unvermeidbar in engsten Körperkontakt miteinander. Unter diesem Deckmantel **wird körperliche Nähe möglich!** Das Kind spürt die Kraft und den Widerstand eines anderen Körpers auf spielerische und lustvolle Weise, auch wenn dabei die Tränen fliessen.

Wie das Bedürfnis nach Hautkontakt getarnt wird, zeigt sich in einer Reihe von Versen:

- «Liebs Büseli – bösi, bösi Chatz»,

sagt ein Kind zum anderen und streichelt es zuerst ganz fein, um es nachher mit Katzenkrallen zu kratzen.

- Zu den Worten: «Ich weiss än Witz vom Unggle Fritz, dä hät en Floh, dä biisst äsoo», wird das Opfer bei der letzten Silbe in den Arm gekniffen.

- Ein Vers neueren Datums: «Zwei Messer im Rücken, zwei Spinnen im Haar, das Blut fliesst herunter, der Henker ist da!» Die Messerstiche werden durch zwei Püffe angedeutet, dann huschen die Hände als Spinnen über Rükken und Haare. Nun fahren die Finger in Wellenbewegung wieder abwärts, und ein überraschender Würgegriff um den Hals bildet den Abschluss. **Die Distanz ist wieder hergestellt!**

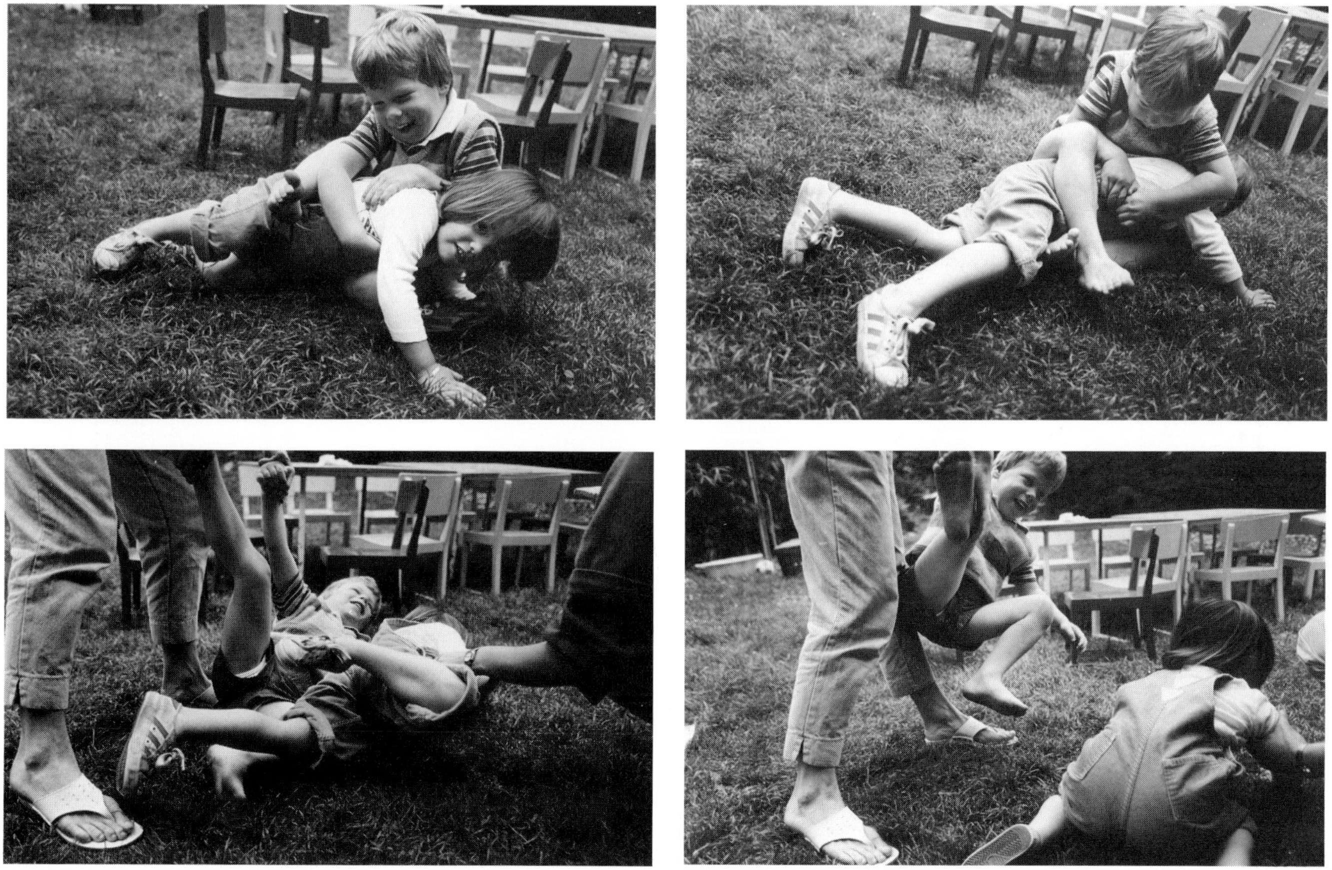

Handeln – misshandeln

Kinder provozieren uns manchmal. Sie ärgern uns, sie machen uns wütend, rasend; sie treiben uns zur Weissglut. Wie **hand**eln wir dann? Wenn Erwachsene mit Kindern **Händel** bekommen, nehmen sie oft zu Gewalt Zuflucht. Berührungen kippen um, aus **hand**eln wird miss**hand**eln!

Die Erfahrung einer Spielgruppenleiterin: «Wenn ein Kind in der Gruppe „querschlägt" und Schwierigkeiten macht, dann nützt vernünftiges Reden manchmal nichts mehr. In einem solchen Moment halte ich das Kind eine Weile fest und zeige ihm mit dem kräftigen und bestimmten Druck meiner Hände, dass es jetzt zu weit gegangen und an meine Grenzen gestossen ist. Ich glaube, Kinder wollen in solchen Situationen den Widerstand eines Erwachsenen spüren, damit sie sich selber wieder spüren und zu sich zurückfinden können. Diese Art von Zurückweisung, die mit Körperkontakt verbunden ist, hat eine positive Wirkung: Ich spüre ganz direkt die Spannung und Erregung des Kindes und habe das Gefühl, dass wir einander in diesem Moment verstehen.»

Wir Erwachsenen, sei es als Eltern, Lehrer oder Kindergärtnerinnen, dürfen ruhig **echt** sein. Wenn wir eine Wut im Bauch haben, so sollen wir sie auch ausdrücken. **Das Kind muss merken, welche Reaktionen es mit seinem Verhalten bewirkt.** Übungen in falsch verstandener pädagogischer Langmut wirken verwirrend auf das Kind, weil von ihm erwartete Reaktionen ausbleiben. So wird es ständig weiter provozieren, um endlich zu erfahren, wo denn nun eigentlich die Grenzen sind. **Die Sprache der Hände macht diese Grenzen dem Kind auf eindrücklichere Weise klar als Liebesentzug oder stundenlange Strafpredigten. Über diese Art von Körperkontakt bleiben wir in Berührung mit dem Kind. Wir spüren das Kind – das Kind spürt uns. Wir sind miteinander in Verbindung, ganz direkt – handfest.**

Im Gegensatz dazu wissen sich manche Erwachsenen in Momenten höchster Gereiztheit nicht mehr anders zu helfen, als das Kind zu schlagen. Dies ist verständlich, aber sehr fragwürdig. Schläge als erzieherische Massnahme halte ich für ausgesprochen gefährlich. Mit jedem Schlag wird Berührung zu Schmerz. Die schlagende Hand trifft einen Sekundenbruchteil auf die Haut, fügt Schmerz zu, verletzt und ist schon wieder weg – un**greif**bar, un**fass**bar. Dann Leere – nichts – bis zum nächsten Schlag.

Schläge haben auf die seelische Entwicklung eines Kindes schwerste Auswirkungen: «Wenn ein Kind eine Tracht Prügel erwartet oder sie erhält, ist es oft voller Angst und Entsetzen, zeigt auch alle Begleiterscheinungen extremer Furcht, wie Blässe, Erstarrung der Muskeln, Herzklopfen und Weinen. Menschen, die in ihrer Kindheit solche Erregungen oft erlebten, reagieren häufig ganz ähnlich, wenn sie gefühlsmässig

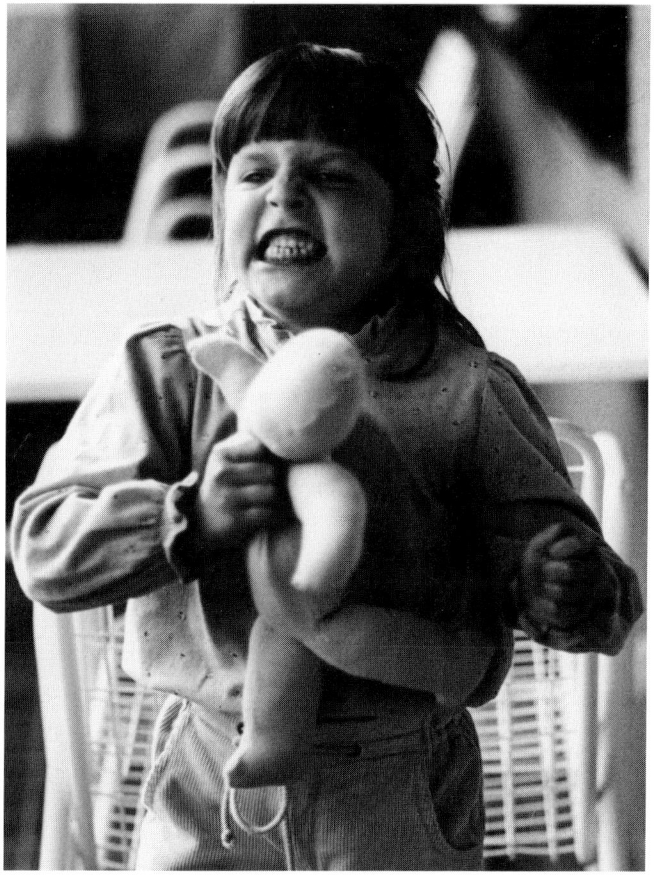

aus dem Gleichgewicht kommen. Sie beissen sich auf die Lippen, machen sich steif oder umklammern eine Hand mit der anderen, um ihre Empfindungen nicht zu zeigen.» (Montagu)

Werden Auseinandersetzungen einmal handgreiflich, rutscht uns in der Erregung einmal die Hand aus, so ist das für ein Kind noch keine Tragödie, wenn es unsere Hände nicht nur schlagend, sondern **vor allem** zärtlich streichelnd und liebevoll berührend kennengelernt hat.

Nähe geniessen

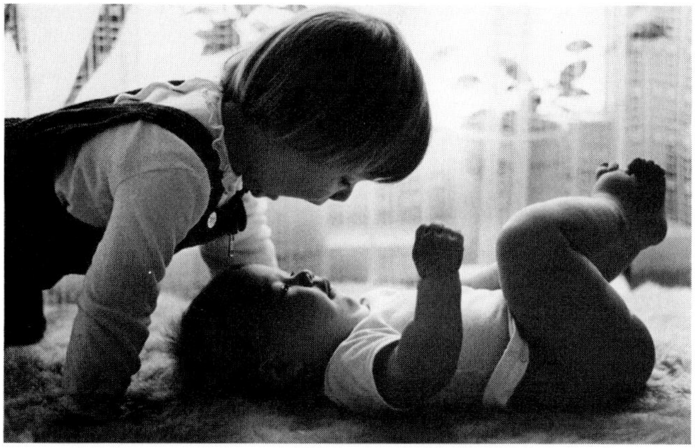

Chribele und chräbele

Körper und Kontakt

Der Körper eines anderen Menschen ist für uns wie eine Landschaft. Und diese Landschaft lernen wir am eindrücklichsten kennen, wenn wir sie nicht nur von weitem anschauen, sondern mit unseren Händen durchwandern.

Wir gehen auf Streifzüge in die Körperlandschaft des Kindes. Wir spüren die Wärme der Haut. Wir geniessen, dass sie sich so fein und glatt anfühlt.

Wir merken, ob das Kind locker und gelöst oder angespannt ist.

Wir können ihm eine Botschaft übermitteln, ganz direkt – hautnah: «Ich bin da, ich spüre dich, ich habe dich gern!»

Wir wachsen mit dem Kinderkörper mit: Wir erleben, wie er sich streckt, wie er runder oder schlanker wird, wie da ein Grübchen entsteht und dort ein Fältchen verschwindet.

Es ist eine alte Weisheit, dass Körperkontakt zwischen Eltern und Kind von grösster Wichtigkeit ist. Schon immer haben Mütter ihre Kinder mit Fingerversen, Kniereitern und Tändeleien unterhalten und sie dabei spielerisch an verschiedenen Körperstellen berührt. Alle Eltern wissen, dass die Kinder diese Verse lieben und nicht genug davon bekommen können. Es ist das Verdienst von Susanne Stöcklin-Meier, Sprüche, Verse und Reime für Kinder gesammelt und veröffentlicht zu haben. Aus dieser Sammlung stammt ein Teil der Verse in diesem Buch.

In einer mir bekannten Familie wünschen sich die Kinder oft statt einer Geschichte ein «Chräbeli-Schtündli» vor dem Einschlafen. Der Vater oder die Mutter streichelt und liebkost sie dann – und wenn es nach den Kindern ginge, müsste so ein Stündchen ewig dauern.

Ein Vater besuchte einen Kurs über Erziehungsfragen. Am anderen Morgen fragte ihn sein Sohn, was sie denn da besprochen hätten. Er erzählte ihm, dass der Kursleiter unter anderem gesagt habe, man müsse die Kinder sehr häufig «chräbele». Der Sohn darauf ganz überzeugt: «Ja, das söttet ihr!»

Weil Kinder das so gernhaben und geniessen, wenn man sie streichelt und «chräbelet», weil es ihnen so guttut und weil es auch für die Eltern bereichernd und beruhigend ist, möchte ich hier eine Reihe von Streichelspielen vorstellen. Ich verstehe diese Beispiele nur als Anregungen. Zusammen mit Ihrem Kind werden Sie sicher noch viele andere Spielarten erfinden.

Zum Körper sprechen

Dää gaat uf Afrika,
Dää luegt em truurig naa,
Dää winkt adee, adee!
Dää sait: Uf Widersee!
Und dää rüeft: Pass uuf, am Niil
hätts ä grosses Chrokodil!

Wir berühren nicht nur die Fingerspitzen, sondern folgen jeweils den Fingern vom Ansatz bis zur Spitze, wobei wir bei allen Fältchen und Grübchen streichelnd verweilen. Bei «hätts ä grosses Chrokodil» formen wir mit unseren Händen einen Krokodilrachen und verschlucken die Kinderhand, indem wir sie mit beiden Händen umfassen.

Dää rüeft: Füürioo!
Dää frööget: Woo?
Dää chräit: Unen am See!
Dää briegget: Ach herjee!
Dää Chlii, dä sait:
Hol lieber d Schprütze,
Das wird eener öppis nütze!

Bei diesem Vers berühren wir in der oben geschilderten Weise die Zehen des Kindes. Bei «Das wird eener öppis nütze» lassen wir unsere Fingerspitzen wie Wassertropfen über das ganze Füsschen prasseln.

Rössli bschlaa, Rössli bschlaa,
Wieviel Negeli ineschlaa?
Eis, zwei, drüü, vier, föif,
Sächs, sibe, acht,
So, jetzt ischs gmacht!

Wir fassen die Hand oder den Fuss des Kindes und tätscheln im Rhythmus die Handfläche oder Fusssohle. Bei «Eis, zwei, drüü . . .» berühren wir sie achtmal (in «Hufeisenform»). Mit jeder Verswiederholung wählen wir eine andere Berührungsart: nur mit einer Fingerspitze tupfen, mit drei Fingern ein Kreislein machen, die Fingerspitze ein bisschen fester in die Haut «bohren» usw. Bei «So, jetzt ischs gmacht» das Händchen oder Füsschen mit beiden Händen umfassen und reiben.

Sicher kennen alle Mütter die Momente, in denen das Kind klagt: «Mir ist es langweilig.» Es hat keine rechte Lust zum Spielen und weiss nicht mehr, was es mit sich anfangen soll. Nehmen Sie seine Hände in die Ihren und beginnen Sie, sie zu streicheln und zu massieren. Beschäftigen Sie sich eine Weile mit den Kinderhänden, bis Sie sagen können: «So, jetzt wissen die Hände ganz sicher wieder, was sie Lust haben zu machen!» In den meisten Fällen wird das Kind darauf voller Unternehmungslust davonspringen.

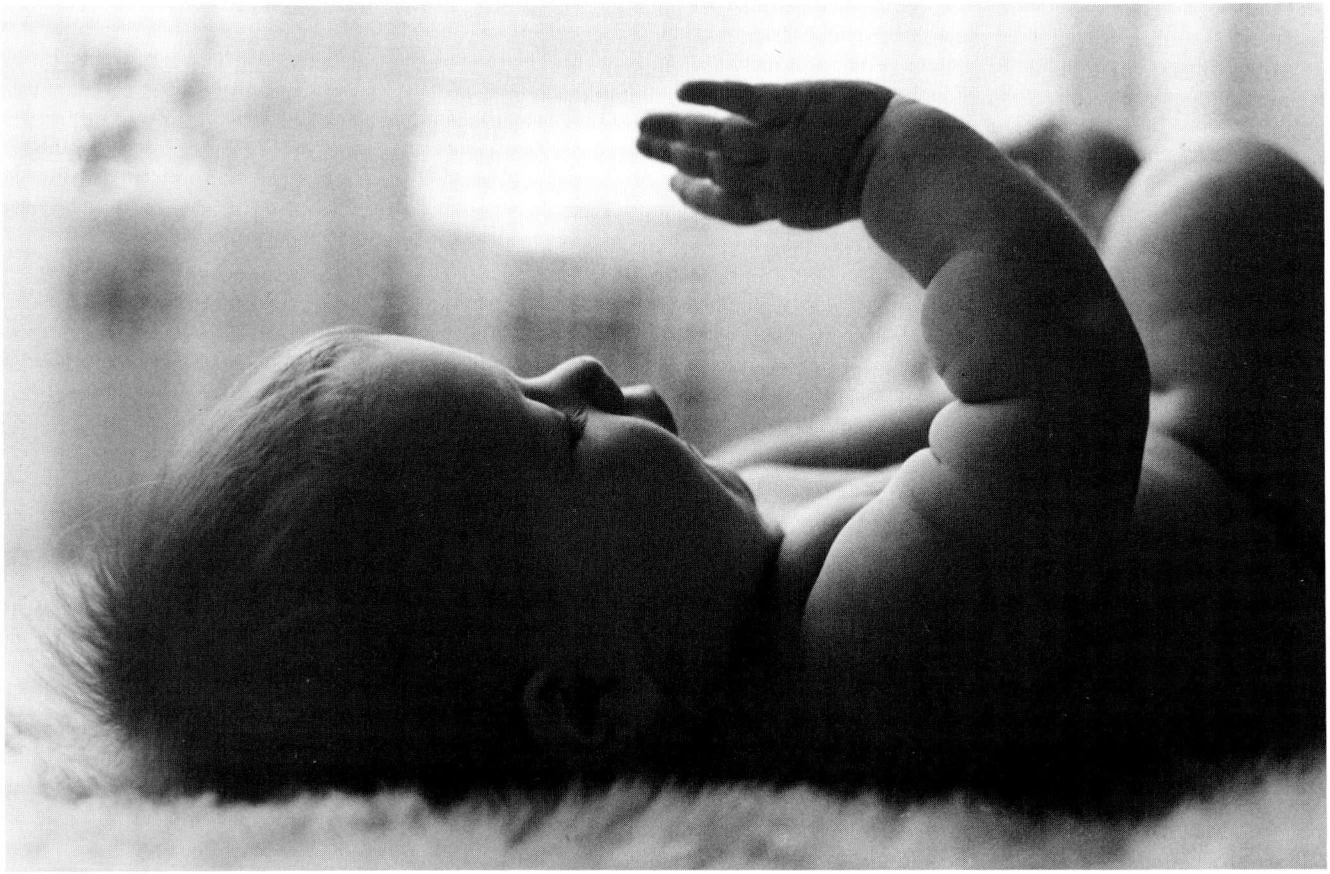

Bei den folgenden Spielvorschlägen geht es darum, den **ganzen** Körper einzubeziehen. Sehr oft werden viele Körperstellen des Kindes zärtlich berührt, dabei aber die Geschlechtsteile ausgespart, als ob man mit ihm ein Buch anschauen und einige Seiten überspringen würde. Damit das Kind eine gute Beziehung zu seinem Körper entwickelt, muss es erfahren, dass sein ganzer Körper «gut» ist. Geben Sie dem Kind Gelegenheit, möglichst vielfältige Berührungen zu erleben. Bei einigen Spielen lernt das Kind gleichzeitig die Namen der verschiedenen Körperteile kennen.

Bobbe, bobbe

Bobbe, bobbe Hämmerli
d Schtäge uuf is Chämmerli
d Schtäge uuf is Tuubehuus
flüüged ali Tuube uus.

Wir ballen die Hände zu Fäusten und wandern von den Füssen her den ganzen Körper hoch.
Die Finger fliegen als Tauben durch die Luft und huschen nachher ganz fein über den ganzen Körper.

Heugümperli

Heugümperli
grüens Schtümperli
wie gumpisch so durs Graas?
Heugümperli
grüens Schtümperli
gäll gumpsch mer nöd uf . . .
. . . s Bei!
. . . s Ohr!
. . . dä Buuchnabel!
. . . uf d Naas!
usw.

Wir lassen die Finger einer Hand auf dem ganzen Körper des Kindes «umegümperle». Bei «gäll gumpsch mer nöd uf . . .» lassen wir sie in der Luft kreisen und suchen einen Landeplatz. Wenn wir das Verslein zum letzten Mal sagen, landen die Finger auf der Nase. Variante: Wir drücken jedesmal einen Kuss auf die genannte Körperstelle.

Guetnachtvers

Dene sägi am Aabig tschau . . .
. . . am Tomi Tuume
. . . am Otti Öörli
. . . am Auguscht Augebraue
. . . am Eugen Äugli
. . . am Norbert Nase
. . . am Moni Muul
. . . am Chueri Chini
. . . am Jonny Zunge
. . . am Armin Aarm
. . . am Elisabeet Elleboge
. . . am Mäge Mage
. . . am Beni Buuch
. . . am Fido Fudi
. . . am Chrigeli Chnüüschiibe
. . . am Oski Oberschänkel
. . . am Walti Wädlibei
. . . am Ferdi Ferse
. . . am Züsi Zäihe
und zum Schluss – chützeli es bitzeli
öise Fritzli Fingerschpitzli*

* Heinz Wegmann, unveröffentlicht

Am Abend vor dem Einschlafen berühren wir all diese Körperstellen und benennen sie. Die Fingerspitzen streicheln wir ganz fein.

Zäh chliini Zappelmännli

Zäh chliini Zappelmännli
zappled hin und här.
Zäh chliini Zappelmännli
finded das nöd schwär.

Zäh chliini Zappelmännli
zappled uuf und ab.
Zäh chliini Zappelmännli
finded das sauglatt.

Zäh chliini Zappelmännli
zappled zringelum.
Zäh chliini Zappelmännli
finded das nöd tumm.

Zäh chliini Zappelmännli
schlüüfed ines Verschteck.
Zäh chliini Zappelmännli
sind uf eimal wägg.

Wir lassen, passend zu den Versen, unsere Finger hin und her, auf und ab und ringsherum auf dem ganzen Körper des Kindes herumzappeln.
Jedesmal ein neues Versteck für die Finger suchen: in der Achselhöhle, in den Haaren, hinter dem Nacken, hinter dem Po, zwischen den Beinen usw.

Verschteckis

Es chunnt än Bäär
vo wiit, wiit häär
und wott em Chindeli
. . .
was ewägnää?

Wir krabbeln mit den Fingern dem Körper des Kindes entlang. Bei «was ewägnää?» decken wir mit beiden Händen einen Körperteil zu: Nun ist er «versteckt». Wir oder das Kind nennen den Namen der betreffenden Körperstelle. Schliesslich bekommt es einen Kuss auf diese Stelle.

Ankebälleli

Anke schtoosse, Anke schtoosse . . .

Wir fassen den Arm des Kindes (eine Hand am Handgelenk, die andere beim Ellbogen) und stossen und ziehen den Unterarm leicht zusammen und auseinander.

Bälleli mache, Bälleli mache . . .

Wir rollen die dickste Stelle zwischen unseren Handflächen.

druff schtriiche, druff schtriiche . . .

Wir streichen mit beiden Händen darüber.

abbiisse!

Leicht hineinbeissen

Bei diesem Vers muss auch nach der ursprünglichen Spielanleitung nicht nur gekitzelt oder getätschelt werden. Für einmal wird ein Körperteil kräftig und intensiv angefasst, ja beinahe massiert. Dies lässt mich an die **indische Babymassage** denken, die langsam auch in Europa immer bekannter wird.

Babymassage

In Indien wohnte ich während einiger Zeit bei einer Familie und hatte so Gelegenheit, die Pflege des Säuglings zu beobachten. Zuerst wusch Rajamah ihr Mädchen sorgfältig. Anstatt es mit einem Tuch abzutrocknen, hielt sie es über ein Becken mit Holzkohle, in dem kleine Stückchen eines speziellen Holzes verbrannt wurden. Die Kleine schien die warme Luft, die ihren Körper einhüllte und sie zugleich vor den lästigen Mücken schützte, sehr zu geniessen. Schliesslich setzte sich Rajamah auf den Boden und legte sich ihre Tochter auf die ausgestreckten Beine. Sie begann mit ruhigen, gleichmässigen Bewegungen vorgewärmtes Öl auf dem ganzen Körper zu verteilen und massierte alle Glieder behutsam und doch kräftig in einem gleichbleibenden Rhythmus. Das Kind war während des Waschens recht quengelig gewesen. Nun wirkte es entspannt und lächelte zufrieden. Schliesslich hüllte die Mutter ihr Kind in ein Tuch, legte es auf eine Matte und begann mit der Hausarbeit. All dies war ohne Zeitdruck, ohne Hast vor sich gegangen, und die Ruhe übertrug sich auf mich, die ich nur zugeschaut hatte.

Rajamah hat nie in ihrem Leben Erziehungsbücher gelesen. Aber mit völliger Sicherheit führt sie bei ihrer Tochter die Tradition der Babymassage weiter. Es ist für sie so selbstverständlich, ihrem Kind «Hautnahrung» zu geben, wie es zu nähren und zu pflegen. In ihrem Kulturbereich werden Körper und Geist nicht als unvereinbare Gegensätze betrachtet. Der Körper darf – als «Starthilfe» fürs Leben – die Wohltat der Babymassage erfahren. In vielen anderen Ländern ist eine ähnliche Art von Körperkontakt bekannt, wobei aber nicht immer eine traditionelle Massagetechnik angewendet wird. Eine Mutter beobachtete, wie die Chinesinnen mit ihren Kindern umgehen: «Wenn sie ihr Kind nicht im Tragetuch auf dem Rücken haben, streicheln sie es ständig. Sie geben ihm nicht eigentlich eine Massage, aber sie berühren es immerzu, wobei sie ganz besonders den Rücken und den Nacken streicheln. Um ein Kind zu beruhigen oder ihm das Einschlafen zu erleichtern, schlagen sie auf eine bestimmte Weise mit der hohlen Hand recht kräftig auf den Rücken des Kindes und streichen nachher dem Rücken entlang bis zum Gesäss. Der Erfolg ist verblüffend: Die Kinder schlafen tatsächlich sofort ein. Ich habe diese Methode bei meinem Sohn versucht, aber es wollte mir nie gelingen. Unser Kindermädchen hingegen konnte ihn auf diese Weise immer beruhigen.»

Über die alte indische Tradition der Babymassage hat der Frauenarzt Frédérick Leboyer ein wunderschönes Buch verfasst. Mit eindrücklichen Bildern und stimmungsvollen Texten fängt er die Atmosphäre ein, in der Babymassage erst eigentlich ihren Sinn bekommt. Ich möchte dieses Buch allen Eltern eines Neugeborenen empfehlen, damit sie ihrem Baby während der ersten Lebensmonate diese Art von Massage schenken können. Um Ihnen die Möglichkeit zu geben, die Babymassage kennenzulernen, werde ich im folgenden einige wichtige Punkte darstellen.

Die Haut eines Babys ist etwas Wunderschönes: glatt, zart, noch ohne Falten und Runzeln, seidenweich. Durch unsere Hände kommt das Kind in Berührung mit der Welt. Durch unsere Hände kommen wir in Berührung mit dem Kind. **Wir berühren einander, wir verständigen uns, ein erstes Gespräch entsteht. Unsere «Handschrift» wird nicht nur auf der Oberfläche der Pfirsichhaut, sondern auch im Gemüt und Empfinden des Kindes Spuren hinterlassen!**

«Das Kind liegt dir gegenüber, und ihr schaut einander an.
Während der ganzen Massage sollen deine Hände sehr aufmerksam
sein und die leiseste Unruhe des Kindes erspüren und beruhigen.
Ihr werdet ein ununterbrochenes Zwiegespräch führen.
Natürlich nicht mit Worten.
Echte Verständigung, echte Vereinigung geschieht schweigend, wie du weisst.
Sprich mit deinen Augen.
Sprich durch deine Hände.
Lass alles aus deinem Herzen kommen.
Sei hier, lebe jetzt, ganz und gar!
Denn wenn sich deine Gedanken mit anderen Dingen beschäftigen,
wird es das Kind sofort bemerken.
Das Ganze wäre rein mechanisch, nicht mehr als eine körperliche Übung.
Ohne Tiefe, langweilig und leer.» (Leboyer)

Regeln, die Sie beachten sollten

• Am Anfang sollte die Massage nur ein sanftes Streicheln sein. Solange der Nabel noch nicht verheilt ist, darf der Bauch nicht berührt werden. Nach dem ersten Monat wird die Massage allmählich kräftiger werden.

Bis sich das Baby an die Massage gewöhnt hat, wird es unter Umständen ein bisschen schreien. Fahren Sie behutsam fort; sehr bald wird es sein Wohlbefinden dabei zeigen.

• Achten Sie darauf, dass es im Zimmer schön warm ist. Im Sommer kann die Massage auch im Freien, aber vor praller Sonne geschützt, geschehen.

• Nehmen Sie sich genügend Zeit dafür: zehn bis zwanzig Minuten; falls Sie und das Baby Lust haben, auch länger.

• Günstigster Zeitpunkt für das Baby: Wenn es satt ist (weder vom Hungergefühl noch vom Verdauungsprozess gestört) und wenn es nicht so müde ist, dass es einschlafen möchte.

• Babymassage können Sie so lange ausüben, wie Sie selber Lust zu dieser Art von Zusammensein mit dem Kind haben, mindestens aber bis zum Alter von sechs Monaten, bis sich das Kind allein umdrehen, sich selber bewegen und aufsitzen kann und so in der Lage ist, seinen Rücken zu entspannen.

• Baden Sie das Kind nach der Massage, wenn Sie dafür Zeit haben. Nicht um der Hygiene, sondern um des Vergnügens willen. Im Bad wird sich das Kind noch mehr entspannen. Halten Sie es nicht mit starrem Griff. Stützen Sie es, lassen Sie es auf Ihren Händen ruhen und sich in seinem ehemaligen Element wohlfühlen.

• Setzen Sie sich mit ausgestreckten Beinen auf den Boden. Falls diese Position für Sie unbequem ist, können Sie sich auch vor das Kind hinknien oder es auf den Wickeltisch legen.

• Bedecken Sie Ihre Beine mit einem Tuch (vielleicht wird das Baby, während es sich entspannt, seine Blase entleeren) und legen Sie das Kind auf den Rücken, so dass es Sie anschaut.

• Nehmen Sie für jede Körperpartie ein wenig (angewärmtes) Naturöl, verreiben Sie es zwischen Ihren Handflächen und verteilen Sie es dann auf der betreffenden Stelle.

Ablauf der Massage

Brust: Streichen Sie mit flachen Händen von der Brustmitte langsam nach beiden Seiten.

Arme: Legen Sie das Baby auf die Seite. Fassen Sie mit der einen Hand sein Händchen und strecken Sie seinen Arm aus. Ihre andere

Hand fasst am Schultergelenk an und streicht den Arm aus (wobei die Finger eine Art Ring bilden). Kommt sie beim Handgelenk an, wechselt die andere Hand zum Schultergelenk – so lösen sich die beiden Hände in fliessenden, rhythmischen Bewegungen ab. (Stellen Sie sich vor, Sie würden den Arm «melken».)

• Nun fassen Sie mit beiden Händen am Oberarm (als ob Sie ein Glas sicher in die Hände nehmen wollten). Bewegen Sie die Hände gegeneinander, wobei Sie langsam zum Handgelenk emporfahren. (Stellen Sie sich vor, Sie würden ein Wäschestück sanft auswinden.)

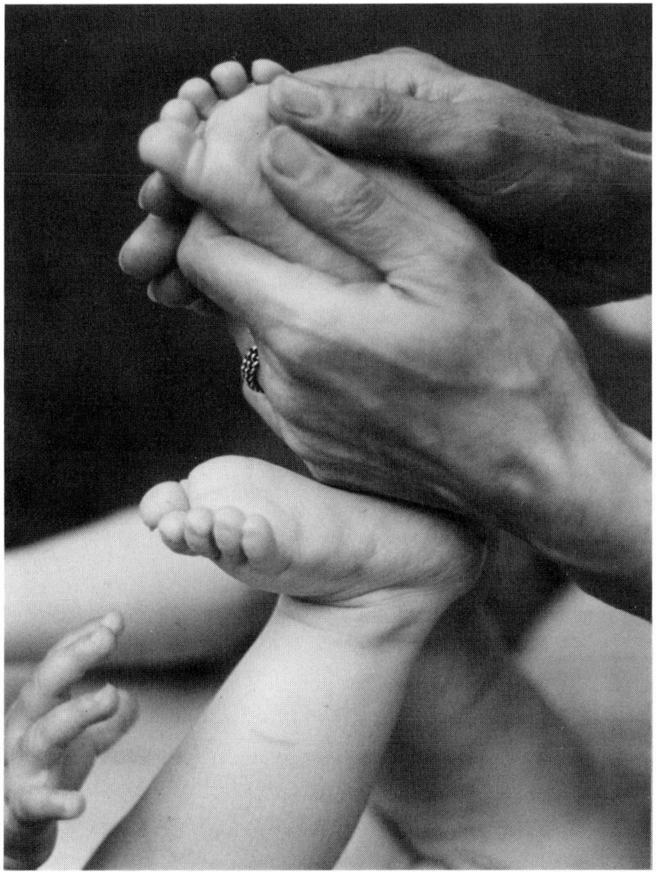

Handgelenk und Hand: Umspielen Sie die Handgelenke und streichen Sie die Händchen aus, wobei der Daumen über die Innenfläche zu den Fingerspitzen streicht. (Für den anderen Arm legen sie das Baby auf die andere Seite.)

Bauch: Das Kind liegt wieder auf dem Rücken. Streichen Sie mit flachen Händen von der Brust über den Bauch zu Ihnen hin, als ob der Bauch entleert werden sollte. Vielleicht liebt das Baby auch, wenn Ihre Hände Kreisbewegungen auf dem Bauch ausführen (im Uhrzeigersinn!). Die Babymassage hat einen lindernden Einfluss bei Verdauungsstörungen.

Beine: Massieren Sie ein Bein nach dem anderen nach dem gleichen Prinzip wie die Arme, Handgelenke und Hände. Dabei kann das Baby auf dem Rücken liegen bleiben.

Rücken: Legen Sie das Kind quer über Ihre Beine auf den Bauch. Der Rücken hat die Massage am allernötigsten. Bedenken Sie, dass ein Baby viele Stunden auf dem Rücken liegend verbringt, sich nicht selber bewegen und entspannen kann. Besonders entlang der Wirbelsäule setzen sich Verspannungen fest, die sich aber in diesem Alter leicht lösen lassen. «Versuche dir vorzustellen, wie du dich fühlst, wenn du stundenlang in einem Flugzeug sitzt und dich nicht richtig bewegen kannst. Wie gerne würdest du aufstehen, laufen und dich ausstrecken . . . Versuche dir vorzustellen, wie ein Babyrücken sich fühlt . . .» (Leboyer)

• Streichen Sie mit den Händen quer über den Rücken, wobei sich die Hände gegeneinander bewegen. Vom Nacken bis zum Po wiederholen.

• Umfassen Sie mit der rechten Hand die Pobacken des Kindes. Die linke streicht vom Nacken her in einer langsamen, tiefgehenden Bewegung über die Rückenfläche bis zum Po.

• Fassen Sie nun mit der rechten Hand die Füsse des Kindes und strecken Sie sanft die Beine aus. Fahren sie mit der linken Hand vom Nacken über den Rücken, über den Po, die Beine hinunter bis zu den Fersen.

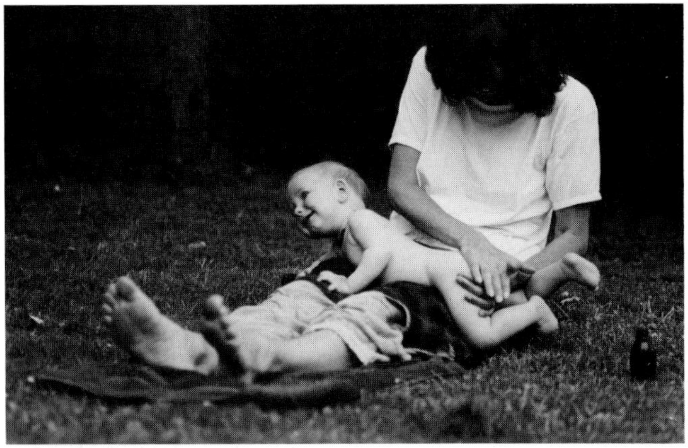

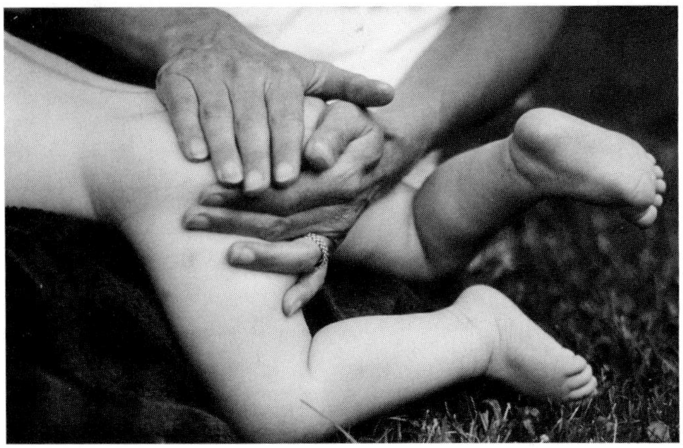

Grundsatz: Machen Sie all diese Bewegungen langsam und ruhig. Versuchen Sie, dabei so entspannt zu werden wie Ihr Kind, während es massiert wird. Wiederholen Sie die Berührungen mehrere Male, bis Sie das Gefühl haben, nun sei es für das Kind genug. Sie werden merken, wie diese Bewegungen mit der Zeit nach einer Art Rhythmus erfolgen. Lassen Sie diesen eigenen Rhythmus entstehen und sich von ihm leiten. Er passt genau zu Ihnen und Ihrem Kind. **Massage lässt mich oft an Musik denken: Bewegung der Hände, Tanz der Hände, nach meiner inneren Melodie, zu meinem inneren Rhythmus.**

Sie werden dabei die Erfahrung machen, dass Sie beim Geben immer auch etwas von ihrem Baby empfangen. Diese Verständigung, dieses Gespräch ohne Worte lässt die Babymassage zu einem eigentlichen Erlebnis werden.

Manche Erwachsene haben eine Scheu, Babys herzhaft anzufassen. Es ist «eine sonderbare Nebenerscheinung unserer verstädterten Zivilisation, dass viele Westeuropäer noch nie ein neugeborenes Kind gesehen haben, bevor sie mit ihrem eigenen konfrontiert werden. Viele junge Eltern, deren Vorstellungen sich an den idealisierten ,,neugeborenen'' Babys auf Werbefotos orientieren (diese sind meistens zwei bis drei Monate alt), sind beim ersten Anblick ihres winzigen, nassen, klebrigen und möglicherweise roten (. . .) Babys bestürzt.» (Stone/Church)

Aber Angst vor Berührung ist fehl am Platz. Die Neugeborenen, die im Mutterleib von allen Seiten gleichmässigen Druck gespürt haben, fühlen sich eindeutig unbehaglich, wenn sie auf dem Wickeltisch gewissermassen im luftleeren Raum sind. (Nach einigen Monaten geniessen die Kinder allerdings die Momente, in denen sie ohne Windelpack herumstrampeln und -zappeln können!) Babys verlangen nach Berührungen, die ihnen das Gefühl von Geborgenheit, von um**fassen**der Sicherheit geben.

Seit sich die Männer in ihrer Vaterrolle zu emanzipieren beginnen, äussern sie immer häufiger das Bedürfnis, sich schon in den ersten Lebenswochen mit dem Baby zu beschäftigen, mit ihm «ins Gespräch zu kommen».

Ein Vater: «Manchmal komme ich mir völlig hilflos vor, wenn mein kleiner Sohn schreit, durch nichts zu beruhigen ist und einfach nur die Brust der Mutter will. Ich fühle mich dann im zweiten Rang und schaue ein bisschen neidisch zu, wie meine Frau den Kleinen zufriedenstellen kann.» **Babymassage ist eine Chance für Väter, den Kontakt zu ihren Kindern schon von Anfang an zu finden und die kleinen Wesen mit Haut und Händen begreifen zu lernen.**

Natürlich lohnt es sich, die Babymassage nach der Technik von Leboyer zu erlernen. Aber auch ohne technische Kenntnisse können Sie Ihr Kind massieren – es kann alles ganz einfach sein: Erfühlen Sie, was Ihr Kind gern hat, finden Sie heraus, welche Berührungen ihm besonders behagen und nach wieviel Druck und Festigkeit es dabei verlangt. **Sie kennen Ihr Kind am besten – Sie werden mit der Zeit genau wissen, was ihm guttut, indem Sie ihm beim Massieren Ihre ganze Aufmerksamkeit schenken und offen sind für die Mitteilungen, die es in seiner Körpersprache macht.**

Vielleicht werden Sie Ihr Baby mit der Zeit so selbstverständlich massieren, wie Sie es wikkeln, baden und ihm die Nägel schneiden. Das einzige, was es dazu braucht, ist Ihre Zeit und Ihre Freude daran.

Eine Mutter: «Manchmal bin ich todmüde und völlig fertig, wenn mich mein kleiner Sohn nächtelang wachgehalten hat. Aber all dies zählt nicht mehr, wenn ich mit ihm „schmüsele" oder wenn ich mit ihm Babymassage mache. Ich bekomme in diesen Momenten so viel von ihm zurück! Ich fühle mich ganz reich, wenn ich spüre, wie er auf meine Zuwendung anspricht und mir mit seinem Lachen und Strahlen sein Wohlbefinden ausdrückt.»

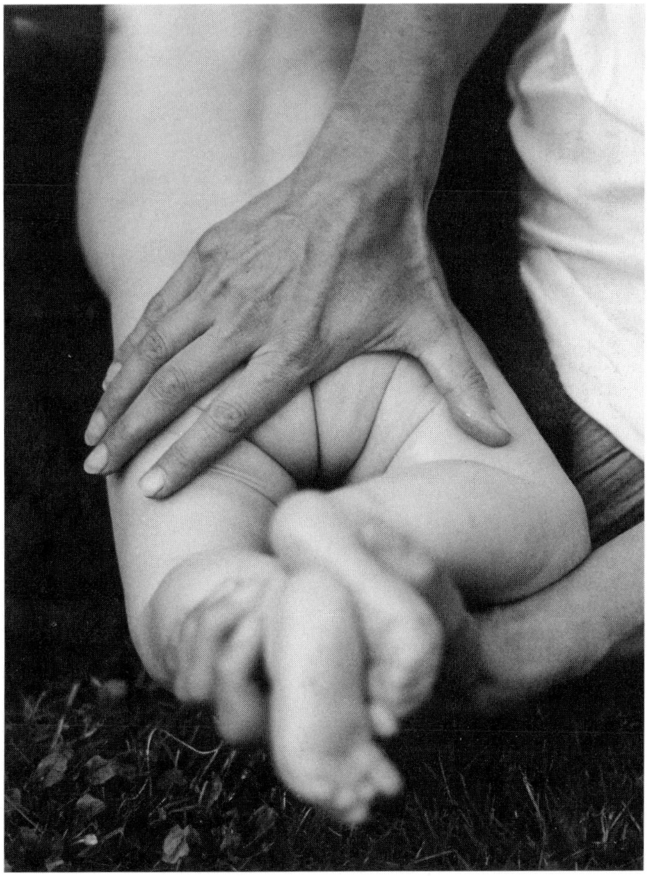

Was ist eigentlich Massage?

Das Wort «Massage» ist belastet. Verständlicherweise stösst es bei vielen Leuten auf Vorurteile, denn in unserem Kulturbereich hat Massage keine Tradition.

Manche Leute bringen Massage in Verbindung mit Fussballerwaden, die nach einem Match wieder entkrampft werden, andere denken an den Kampf gegen überflüssige Fettpolster. Manche Leute erhoffen sich davon Entspannung und Wohlbefinden, und wieder andere stellen sich darunter etwas Unseriöses vor.

Es gibt verschiedenste Arten und Techniken von Massage; manche müssen von Grund auf erlernt werden und verlangen eine entsprechende Ausbildung. Wenn hier nun von Massage die Rede ist, so verstehe ich darunter etwas ganz Einfaches, Elementares: Die wohltuende Wirkung von Berührung. **Massage ist eine intensive Form von Berührung. Berührung ist ein Austausch, ist Verständigung, ist ein Geben und Empfangen.**

Als **Gebende** konzentrieren wir uns auf den Partner und schenken ihm unsere ungeteilte Aufmerksamkeit. Wir nehmen langsam und bewusst mit der Haut Kontakt auf, streicheln sie, spüren ihr nach. Wir lassen unsere Hände in der Körperlandschaft umherstreifen und entdecken dabei, was es da alles an Weichem, Glattem, Knorpeligem, Haarigem, Runzeligem, Feinem und Hartem gibt. Die Fingerspitzen tanzen, streicheln ganz fein, kribbeln anregend, spüren sich in Weiches hinein, folgen Linien und Gräben. Die Handflächen streichen stetig und mit kräftigem Druck. Der Handrücken streift locker über **Hügel und Täler.** Die Fingerknöchel **pflügen** sich durchs **Hautreich.** Wir lassen unseren Händen **freie Hand** beim Erfinden von Berührungen. Als **Empfangende** dürfen wir uns entspannen, brauchen für einmal nichts zu tun, als uns einem Paar Hände anzuvertrauen, uns überraschen und verwöhnen zu lassen.

Viele Leute trauen sich Massage für den Familiengebrauch nicht zu. Dies ist schade, weil darum Eltern und Kinder eine bestimmte Form von Begegnung gar nicht kennenlernen. In verschiedenen Kulturen bildet Massage einen wichtigen Teil des Familienlebens. Das Wissen darum wird als eine Art Familientradition mündlich von einer Generation zur anderen weitergegeben. Und indem Kinder mit Massage aufwachsen, ist es für sie ganz natürlich, dass sie als Eltern ihren eigenen Kindern diese angenehme Erfahrung auch wieder zuteil werden lassen.

Um durch unsere Hände zu sprechen, braucht es keine komplizierten, ausgeklügelten Techniken. Eigentlich kann man gar nichts falsch machen, solange man von seinem Gefühl ausgeht.

Bevor wir über unsere Hände einen anderen Menschen spüren wollen, müssen wir **uns selber spüren.** Wir müssen uns Zeit nehmen, uns entspannen und innerlich darauf einstellen. In unseren Händen steckt Kraft, steckt Energie, wir brauchen sie nur zu wecken.

Machen Sie vor einem Berührungsspiel oder vor einer Massage diese einfache Übung: Sie reiben die Hände eine Weile lang sehr kräftig gegeneinander. Wärme entsteht! Stellen Sie sich nun vor, Sie würden Ihre Hände waschen. Indem Sie diese (imaginären) Waschbewegungen ausführen, verteilt sich die Wärme und Energie über ihre ganzen Hände, und Sie werden sie bewusster spüren.

Wenn ich mit meinen Händen berühre, so werden sie auch wieder berührt. Je mehr ich meine Hände **spüren** lasse, um so **«gschpüüriger»**, um so feinfühliger werden sie.

Wenn ich massiere, so spüren meine Hände, wie mein Partner (sei es ein Baby, ein grösseres Kind oder ein Erwachsener) darauf anspricht. Ich merke, welche Berührungen ihm angenehm sind und welche ihm nicht gefallen. Ich beobachte, wie sein Körper darauf reagiert: Ist er entspannt und locker, fliesst der Atem ungehindert, wendet er sich mir zu oder nimmt er eine Abwehrhaltung ein?

Je jünger das Gegenüber ist, um so unverfälschter sind die Reaktionen. Ein Baby quietscht und strahlt, wenn ihm die Massage behagt, und es verzieht das Gesicht und schreit, wenn es ihm nicht passt.

Massage kann in vielen Alltagssituationen ganz spontan und unauffällig geschehen; sie kann auch heissen, dem Kind den Nacken zu kraulen, wenn es sich schläfrig an uns lehnt; ihm beruhigend über den Rükken zu fahren, wenn es Kummer hat; die Hände auf Stirn und Schläfen zu legen, wenn es Kopfschmerzen hat; ihm einfach mit Berührungen unsere Anwesenheit spüren zu lassen.

Massage hat viel mit Selbstvertrauen zu tun: Vertrauen in sich und in sein Gespür für den Partner. Wir haben es im wahrsten Sinne des Wortes in der Hand, Wohlbefinden zu schenken. Haben wir Vertrauen in uns, in unser Kind und in unsere Hände, dann werden unsere Hände wie von selbst das Richtige tun!

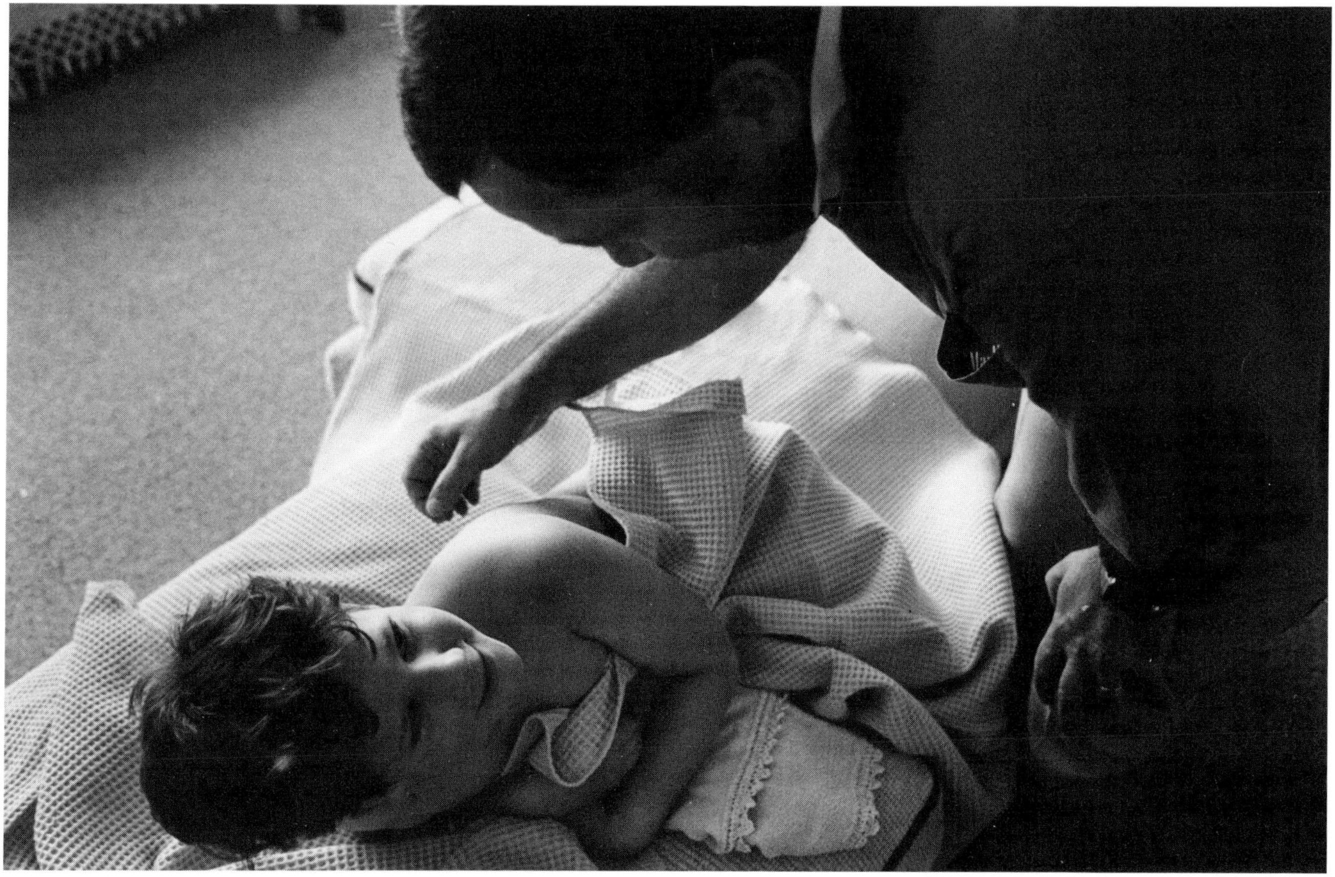

Streichelspiele

Wenn das Kind dem Alter der Fingerspiele entwächst, denken manche Eltern, es sei nun zu gross für solche Spielereien. Doch viele Kinder lieben Berührungsspiele bis zum Zeitpunkt der Pubertät. Auch Jugendliche schätzen nach einem langen Schultag eine Nacken- oder Rükkenmassage. Vertrauen Sie dem Kind, dass es Ihnen schon zeigen wird, wenn es davon genug bekommen hat.

Streichelspiele eignen sich als Abwechslung zu Gutenachtgeschichten. Berührungen beruhigen und helfen dem Kind, sich zu entspannen und einzuschlafen. So lassen sich auch lange Bahn- oder Autofahrten und langweilige Wartezeiten verkürzen.

Führen Sie die Spiele ruhig gegenseitig durch. Lassen Sie sich auch einmal eine Geschichte von den Kinderhänden erzählen oder probieren Sie einige Spielformen mit Ihrem Partner aus. Sie werden so erleben können, welche Berührungen Sie als besonders angenehm und wohltuend empfinden.

Sicher spüren Sie selber weitgehend, was Ihr Kind gern hat. Stellen Sie aber ab und zu Rückfragen. Ermutigen Sie das Kind, seine Bedürfnisse zu äussern, Wünsche anzubringen und auch mitzuteilen, wenn ihm eine Berührung unangenehm ist.

Schaffen Sie günstige Voraussetzungen: Sie sollten über genügend Zeit verfügen. Im Zimmer sollte es schön warm sein. Vielleicht dämpfen Sie das Licht. Ist das Kind mit Streichelspielen noch nicht vertraut, so wird es dabei unter Umständen anfänglich lieber seinen Schlafanzug tragen. Häufig ziehen die Kinder aber das Pyjama aus, weil es schöner ist, die Berührung auf der Haut zu spüren.

Die folgenden Beispiele möchten Ihnen eine Vorstellung geben, in welcher Art Streichelspiele möglich sind. Verstehen Sie aber die Erläuterungen nicht als Gebrauchsanweisung. Lassen Sie die Phantasie mit Ihnen durchbrennen und erfinden Sie mit Ihrem Kind zusammen eigene Geschichten. Hauptsache bei diesen Spielen ist das **Zusammensein mit dem Kind:** es zu spüren, es zu berühren und so selber berührt zu werden.

Elektrizitätsspiel

Das Kind liegt mit geschlossenen Augen auf dem Bett. Wir halten unsere Hände ganz ruhig in etwa einem halben Zentimeter Abstand über den Körper. Die Haut darf dabei nicht berührt werden! Nach einer Weile spüren wir eine Art Kribbeln in unseren Händen. Spürt das Kind die Wärme, die «Elektrizität», so nennt es die betreffende Körperstelle. An verschiedenen Körperstellen ausprobieren. Wo «schtrömelets», wo «c̦hrüselets» am intensivsten?

Gewitter

Wir illustrieren mit den Fingern das Geschehen auf dem Rükken des Kindes.

Es tröpfelet,
es räägnet,
es schüttet,
es haglet,
es blitzt, es tunneret,
schnäll, schnäll
schpringed ali Lüüt an Schäärme.

Die Fingerspitzen berühren ganz fein.
Wir trommeln stärker.
Wir führen kurze, heftige Streichbewegungen aus.
Wir trommeln energischer, wobei die Fingernägel ein wenig piksen.
Wir reiben mit der Handfläche ganz schnell, so dass Wärme entsteht.
Wir geben mit der hohlen Hand einen leichten Klaps, so dass ein Geräusch entsteht.
Wir huschen mit allen zehn Fingerspitzen über den Körper des Kindes und lassen sie dann hinter dem eigenen Rücken verschwinden.

Gschpüür-Schpiil

Wir streicheln das Kind mit unseren Fingerspitzen, dem Handrücken, den Haaren, der Nasenspitze, der Fusssohle, dem Ellbogen usw. Das Kind muss erraten, welchen Körperteil wir eingesetzt haben.

Wir streicheln das Kind mit verschiedenen Materialien: Feder, Plüsch, Schmirgelpapier, Fell, Leder, Wolle, Gummi usw. Das Kind muss erraten, um welches Material es sich handelt.

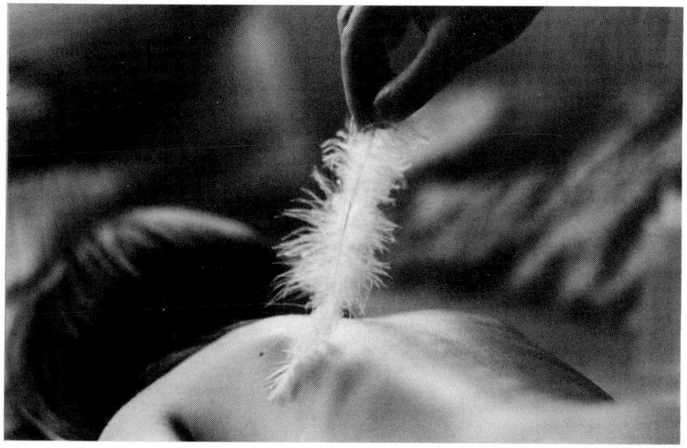

Schpringkonkurränz

D Ross schtämpfeled unruig
am Schtart . . .

Die Finger tänzeln wie nervöse Pferde vor dem Start auf den Zehenspitzen des Kindes.

Achtung, fertig, loos!

Die Finger beginnen zu traben.

Traabe!

Die Finger traben den Füsschen und den Unterschenkeln entlang.

Hindernis!

Mit beiden Händen wird das Hindernis Kniescheibe übersprungen.

Traabe!

Die Finger traben weiter den Oberschenkeln entlang und über den ganzen Körper. Dabei werden immer wieder Hindernisse übersprungen.

Doppelhürd!

Besonders hoch springen!

Durs Wasser!

Das Geräusch des Trabens durch Wasser wird mit dem Mund nachgeahmt.

Galopp, galopp, galoppiere!

Die Finger beginnen zu galoppieren.

Hopp, hopp, hopp, Ziiiiil!

Die Finger galoppieren an den Armen des Kindes hoch. Dann fassen wir seine Hände und strecken sie in Siegerpose hoch. Zum Schluss erhält das Kind einen Siegerkuss.

Guet-Nacht-Musig

Damit du guet iischlaafe chasch, tuen ich dir no e chli Musig vorschpile: Tuesch gärn Klavier lose?

Der Körper des Kindes, vom Halsansatz bis zu den Füssen, wird zur «Tastatur», auf der wir zweihändig Klavier spielen.

Oder gfallt dir besser Flöte?

Wir nehmen die Fingerspitzen des Kindes in den Mund und fassen den Arm, als ob wir eine Blockflöte hielten. Wir blasen «hinein» und spielen dazu auf dem Arm.

Echli lüüter müesstis sii? Dänn schpil ich halt Posuune!

Wir halten mit der linken Hand den Fuss des Kindes, nehmen die Zehenspitzen in den Mund und fahren mit der rechten Hand dem Bein entlang, als ob wir Posaune spielten.

Jetzt chunnt no ä Pauke dezue!

Wir patschen mit flachen Händen auf den Bauch oder den Po des Kindes, so dass ein klatschendes Geräusch entsteht.

Gitarre wettisch ghööre?

Wir fassen mit der linken Hand den Hals des Kindes («Griffbrett») und lassen die Finger der rechten Hand über den Bauch des Kindes spielen.

Was! Jetzt muen i no Trumpeete schpile?

Die zusammengepressten Lippen an verschiedenen Körperstellen aufsetzen und mit Druck Luft herausblasen, so dass ein Trompetenton entsteht.

Zum Schluss schpil i no öppis ganz Fiins und Liisligs: Harfe.

Wir lassen unsere zehn Finger über den ganzen Körper des Kindes wie über die Saiten einer Harfe gleiten. Dieses Spiel lässt sich auch als Ratespiel durchführen. Das Kind muss erraten, welche Instrumente gespielt werden.

Es Fäschtässe choche

Zerscht wird dä Salat guet
gwäsche.

Mit beiden Handflächen über den Körper fahren, als ob man etwas waschen würde.

Und dänn tüemer d Rüebli raffle.

Mit den vordersten Fingerknöcheln machen wir die Bewegung des Raffelns.

Zää mal i dä Suppe rüere.

Wir ballen die Hand zur Faust und streichen in grossen Kreisen über Brust und Bauch.

Bölä schnätzle, Bölä schnätzle,
bis es i dä Auge biisst.

Hände gegeneinander halten und mit den Handkanten sanft «hacken».

Härdöpfel schele,
Härdöpfel schele,
und zu feine Pomfrit schniide.

Mit der flachen Hand in langen, ruhigen Strichen «die ganze Haut abziehen».

Hände gegeneinander halten und mit den Handkanten Schneide- oder Sägebewegungen ausführen.

Und dänn gits vier
grooooossi Würscht:
Eini für dä Papi,
eini fürs . . .

Mit beiden Händen die Arme des Kindes von den Schultern bis zu den Fingerspitzen und die Beine von den Hüften bis zu den Zehenspitzen ausstreichen (als ob man eine Wurst ausdrücken würde).

Und zum Schluss no ä Schoggigrääm: Nidel schwinge, Nidel schwinge, uusschläcke, uusschläcke.	Mit den Fingern in schnellen, kreisenden Bewegungen über den Bauch streichen. Sich vorstellen, man würde die Schoggicreme mit dem Zeigefinger aus einer Schüssel naschen.
Ales isch paraat! Nur no gschwind dä Tisch go tecke!	Mit flachen Händen ganz langsam und ruhig von der Mitte des Bauches her den Körper nach allen Seiten ausstreichen (als ob man eine Tischdecke glattstreichen würde).
Mmmmh, jetzt wird dänn s Büüchli voll!	Den Bauch des Kindes reiben (wie es die Kinder bei sich machen, wenn sie von einem guten Essen reden).

Im Gartä schaffe

In der Schule müssen die Kinder sehr lange stillsitzen. Häufig sind deshalb ihre Rükken-, Schulter- und Nackenmuskeln verspannt. Beim folgenden Spiel geht es darum, den Muskeln richtig nachzuspüren, sie anzuwärmen, zu lockern und zu kneten und schliesslich die Spannungen wegzustreichen.

Führen Sie die Bewegungen bei diesem Spiel langsam und sehr bewusst aus. Wiederholen Sie sie mehrere Male und geben Sie Ihnen und dem Kind Zeit, sich darauf einzustellen. Stellen Sie sich vor, Sie würden wirklich ein Gartenbeet bearbeiten: langsam und stetig.

Worte und Handlung sind Nebensache. Verwenden Sie viel Zeit, so dass Sie Haut und Muskeln des Kindes richtig lockern können.

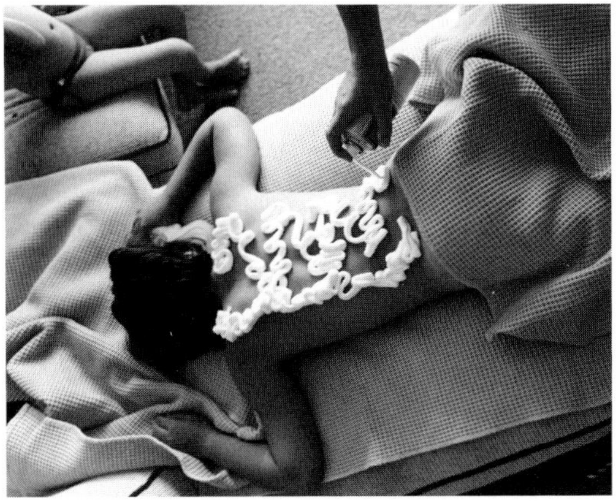

Hüt wott ich in Gartä go schaffe.

Um die Bewegungen der Hände deutlicher darstellen zu können, haben wir den Rücken des Kindes mit Rasierschaum eingesprayt.

Falls Sie Lust haben, können Sie für ein Massagespiel ab und zu auch ein Öl verwenden.

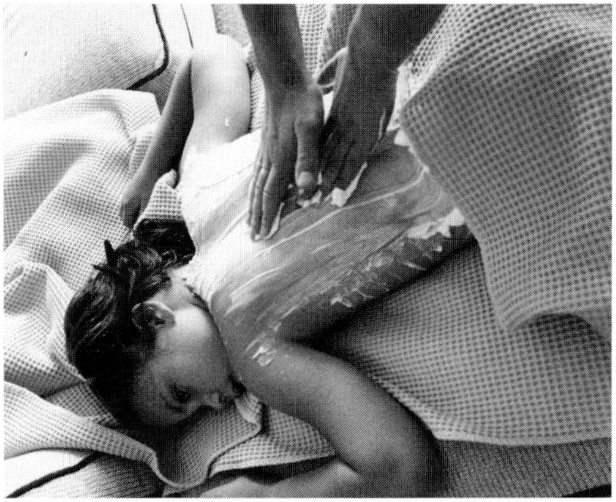

Ich mues es Beetli paraat mache.
D Ärde isch ganz warm vo de Sunneschtraale.

Wir streichen mit den Handflächen mehrere Male vom Nacken bis zum Po (Muskeln anwärmen).

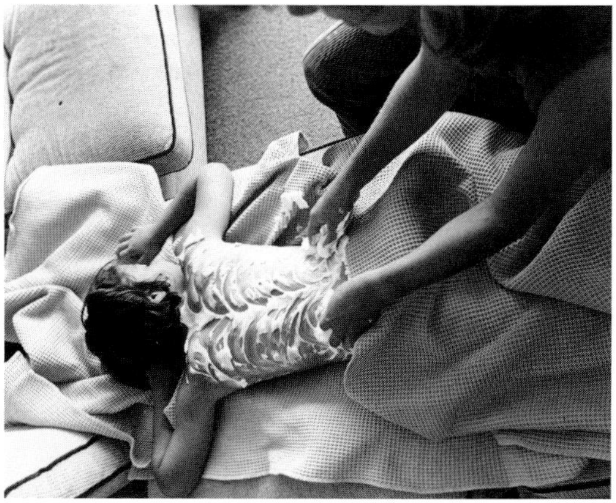

Zerscht muen ich umestäche.
Das isch immer en schaurige Chrampf!

Hände auf Schulterblätter legen. In Kreisform (vom Rückgrat gegen aussen und wieder zum Rückgrat hin) massieren und dabei mit den Fingern tief durch Haut und Muskeln «graben». Bewegung bis zum Po hinunter wiederholen.

So, jetzt wott i ales schöön häckele.

Hände nebeneinander, Finger wie zu einer Hacke gekrümmt. Schnell und kräftig auf und ab bewegen. Bewegung wiederholen. Von den Schultern bis zum Po «häckeln».

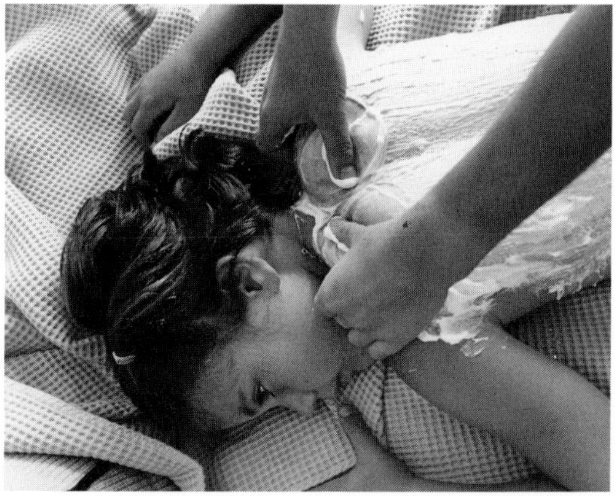

D Ärde mues ganz fiin sii. Ich tue si zwüsched de Finger verchrümele. Käis Schteinli törfs me drin haa.

Nun widmen wir uns den Hals-, Nacken- und Schultermuskeln. Wir kneten sie vorsichtig, wobei wir uns vorstellen, wir würden Erde zwischen den Fingern zerkrümeln. Treffen wir auf eine Stelle, die besonders hart (verspannt) ist, so verweilen wir mit sanftem Kneten, bis der «Stein» weggeschafft ist.

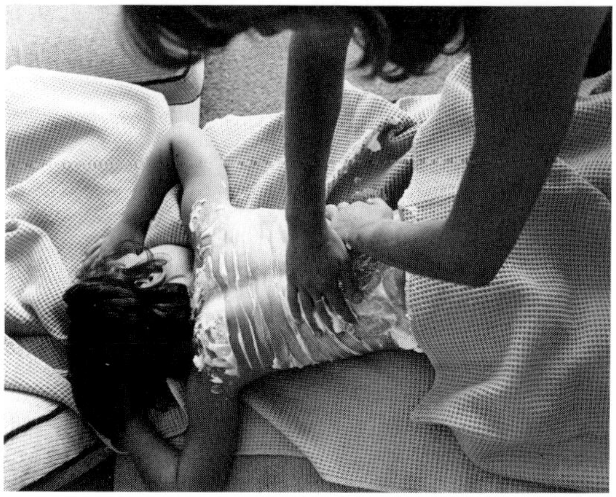

Für d Setzlig mach ich s Beetli glatt.

Arme überkreuzen: Die rechte Hand fasst an der linken Seite des Körpers und die linke Hand an der rechten an. Die Händc mit kräftigem Druck quer über den Rücken ziehen; von der Seite über die Rippen, übers Rückgrat zur anderen Seite. Diese Querbewegung beim Kreuz anfangen und so lange wiederholen, bis wir bei den Schultern angelangt sind.

I de Mitti mach i
no es Wäägli

Hände zu Fäusten ballen und mit den Fingerknöcheln vom Po bis zum Hals den beiden Muskeln neben dem Rückgrat entlang hochfahren. (Vorsicht: Nicht auf der Wirbelsäule herumdrükken. Die Muskeln befinden sich auf beiden Seiten davon.) Beim Zurückkommen mit flachen Händen streichen.

Äntli chan i d Säämli
setze! Da gits ä Reie
Rüebli, da ä Reie
Radiisli, da . . .

Das Kind sagt, was alles gesetzt werden soll. Wir «bohren» die Spitze des Zeigefingers leicht in die Haut, überall wo die Samen in die Erde gesteckt werden.

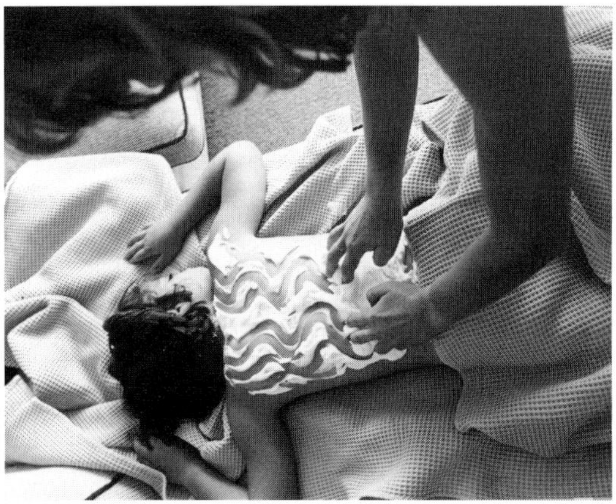

Und jetzt müemer
halt Geduld ha, bis
ales gwachsen isch.
Ich hole nur no
gschwind ä Schprütz-
channe voll Wasser.

Mit den Fingerspitzen in Wellenbewegung von den Schultern bis zum Po hinunterfahren, langsam und beruhigend.

Guetnachtgschicht

Der kleine Wunderfitz wohnt mit seinem Hund Tutu in einer schönen, warmen Höhle.

Beide Hände sind unter dem Bauch verborgen.

Eines Morgens erwacht er, räkelt sich und reckt und streckt sich.

Eine Hand bewegt sich, öffnet und schliesst sich.

Er guckt aus der Höhle hinaus und ist ganz geblendet von der Sonne. «So schönes Wetter!», ruft er. «Und ganz warm ist es. Wach auf, du Hundeschlafmütze, wir gehen spazieren!»

Beide Hände fahren als Sonnenstrahlen sanft über den Körper.

Schnell packt Wunderfitz ein Picknick ein, vergisst den Knochen für Tutu nicht, und los geht's.

Hände wieder unter dem Bauch. Eine Hand marschiert mit zwei Fingern, die andere trippelt mit vier Fingern den Rippen entlang auf den Rücken.

Tutu ist wieder einmal höchst übermütig. Dauernd muss er überall herumschnüffeln.

Die «Hundefinger» entfernen sich immer wieder, krabbeln schnell den Rücken hinauf und hinunter. Die andere Hand wandert stetig gegen den Hals hoch.

Weil es so heiss ist, keucht und schnauft Wunderfitz. Er ist ganz erleichtert, als sie in den Schatten des Waldes kommen. Für Tutu wird es jetzt erst recht spannend. Ihm stechen so viele interessante Gerüche in die Nase. Plötzlich hört er Wunderfitz pfeifen. Er sucht ihn, aber die Spur hört einfach vor einem Loch auf.

Die «Hundefinger» wuseln in den Haaren herum. Wunderfitz findet ein Ohr und versteckt sich darin.

Aha, Wunderfitz hat sich versteckt. Tutu bellt, bis sein Herr endlich hervorkommt.

Die «Hundefinger» suchen überall.

Noch eine letzte Anstrengung, und sie sind auf dem Gipfel. Jetzt sehen sie, wie weit sie gelaufen sind.

Die Hände erreichen den höchsten Punkt des Kopfes.

Wunderfitz erklärt Tutu das Panorama, wie es sich für einen Bergsteiger gehört: «Schau dort, die langen

Hügelketten. Und hier hast du die gefährliche Schlucht, und dort, weit weg, siehst du eine Ebene, mit den Beinalpen zu beiden Seiten.»

Die flachen Hände streichen den Armen entlang bis zu den Fingerspitzen, dann den Rücken hinunter, fallen in die Pospalte, streichen den Beinen entlang.

Sie haben beide Hunger, und von der Aussicht allein wird man bekanntlich nicht satt. Wunderfitz beginnt Holz zu sammeln.

Eine Hand geht auf Holzsuche.

Die Sonne ist hinter den Wolken verschwunden. Wunderfitz und Tutu sind froh über das wärmende Feuer, während sie heisshungrig essen.

Beide Handflächen reiben kräftig und wärmend den ganzen Körper.

Plötzlich kommt ein kalter Wind auf.

Die Fingerspitzen fahren als immer stärker werdender Wind über den Rücken. Blitze auf den Rücken zeichnen, mit Fäusten leicht klopfen.

Immer dunkler wird es. Und jetzt blitzt und donnert es.

«War ja schon klar, dass es heute regnen muss», meint Wunderfitz, und sie kuscheln sich eng aneinander.

Mit den Fingerspitzen erst leicht, dann immer stärker klöpfeln.

«Aber so ein Gewitter kann nicht lange dauern!»

Mit der Zeit wird der Regen schwächer und hört schliesslich ganz auf.

Langsam mit Klöpfeln aufhören.

Die beiden sind fürchterlich nass geworden. Für Tutu ist dies nicht so schlimm; er schüttelt sich bloss einige Male kräftig.

Zum Glück kommt die Sonne wieder hervor.

Wärmende Sonnenstrahlen fahren dem Körper entlang.

Wunderfitz zieht alle seine Kleider aus und hängt sie an die Äste der Bäume zum Trocknen.

Mit beiden Händen imaginäre Kleider abstreifen.

Jetzt kommen Wunderfitz und Tutu endlich zu ihrem Nickerchen. Wunderfitz hat an alles gedacht und sogar ein Sonnenöl mitgenommen. Er streicht sich überall gut ein, während Tutu schon zusammengerollt an seiner Seite eingeschlafen ist.

Alle Körperteile sanft und gleichmässig streicheln – als ob wir sie mit Sonnenöl einreiben würden.

Merkspiel

• Wir berühren nacheinander drei Körperstellen des Kindes, zum Beispiel den kleinen Finger, eine Pobacke, den Ellbogen. Das Kind muss nun in der gleichen Reihenfolge bei uns die selben Stellen berühren und sie benennen. Das Spiel wird schwieriger, wenn man vier oder fünf Körperstellen im Gedächtnis behalten muss.

• Jede Körperstelle wird auf eine andere Art berührt. Zum Beispiel: grosse Zehe – leicht ziehen, Stirn – einen Kuss darauf drücken, Bauchnabel – mit der flachen Faust kreisen.

• Wir wiederholen die Berührungen beim Kind noch einmal, lassen aber dabei eine Stelle aus. Das Kind muss die «vergessene» Körperstelle bei uns berühren.

Hautzeichnungen

• Wir zeichnen mit dem Zeigefinger auf den Rücken des Kindes einfache Figuren oder Bilder. Es muss herausfinden, was wir dargestellt haben. Dies ist auch eine Möglichkeit, für Erstklässler das Erledigen der Hausaufgaben lustvoller zu gestalten. Wir schreiben Zahlen, Buchstaben, kurze Wörter und einfache Rechnungen auf den Rücken. Die Kinder finden meist viel Spass an diesen Übungsstunden.

• Zur Abwechslung zeichnen wir nicht mit dem Zeigefinger, sondern mit unserem Atem.

• Für die folgende Variante braucht es mehrere Mitspieler: Wir sitzen hintereinander auf dem Boden. Das hinterste Kind zeichnet etwas auf den Rücken des vor ihm sitzenden. Dieses versucht nun, die Zeichnung auf dem Rücken des nächsten Kindes wiederzugeben und so fort, bis die Zeichnung beim letzten angelangt ist. Häufig ist es recht schwierig, die ursprüngliche Form noch zu erkennen. Statt einer Zeichnung können wir auch einfach verschiedene Berührungen weitergeben.

Hupe oder Radio

Das Kind bestimmt in Gedanken eine Körperstelle (Nasenspitze, kleine Zehe, Bauchnabel usw.), an der sich der Knopf für das Abstellen seiner Hupe oder seines Radios befindet. Es beginnt lautstark zu hupen oder das Geräusch eines Radios nachzuahmen. Wir suchen den Knopf, um das Ding endlich abstellen zu können. Wir berühren alle möglichen Körperstellen. Drükken wir am richtigen Ort, so verstummt der Lärm. (Vor dem Einschlafen eher ungeeignet . . .)

Tiere erraten

Das Kind liegt auf dem Bauch. Wir lassen unsere Hände in der Gangart verschiedener Tiere über den Rücken wandern. Das Kind muss erraten, um welches Tier es sich jeweils handelt.

Elefant

Wir bewegen unsere Handflächen langsam und schwerfällig.

Schlange

Mit der Handkante und dem vorderen Teil des Unterarms ahmen wir eine Schlangenbewegung nach.

Maus

Mit den Fingerspitzen huschen wir aufgeregt hin und her.

Zottelbär

Wir ballen die Hände zu Fäusten und machen schwere, langsame Schritte.

Ameisenhaufen

Unsere zehn Fingerspitzen kribbeln wie tausend Ameisen.

Pferd

Wir setzen mit den Fingerknöcheln im Galopprhythmus kräftig auf.

Fliege

Eine Fingerspitze wandert über die Haut, beinahe ohne sie zu berühren, steht still, «fliegt» weg und bleibt in der Luft, landet an einem anderen Ort.

Ente

Wir führen mit den flachen Händen Watschelbewegungen aus. Dabei entsteht ein klatschendes Geräusch.

Vogel

Unsere Hände kreisen in der Luft. Vielleicht setzen sie sich irgendwann auf einen Ast (Arm).

Mit Musik

Anstatt eine Geschichte zu erzählen, lassen wir Musik spielen. Wir können uns so besser auf die Berührungen konzentrieren. Wir widmen uns dabei besonders den Händen und den Füssen. Vielleicht findet das Kind dies zu Beginn eher ungewohnt. Es ist aber für uns ebenfalls ein schönes Erlebnis, den Händen und Füssen nachzuspüren, zu entdecken, was es da alles an Knöcheligem, Sehnigem, Weichem und Faltigem gibt. Wir brauchen unsere Füsse, um fest im Leben zu stehen, und schenken ihnen so wenig Aufmerksamkeit!

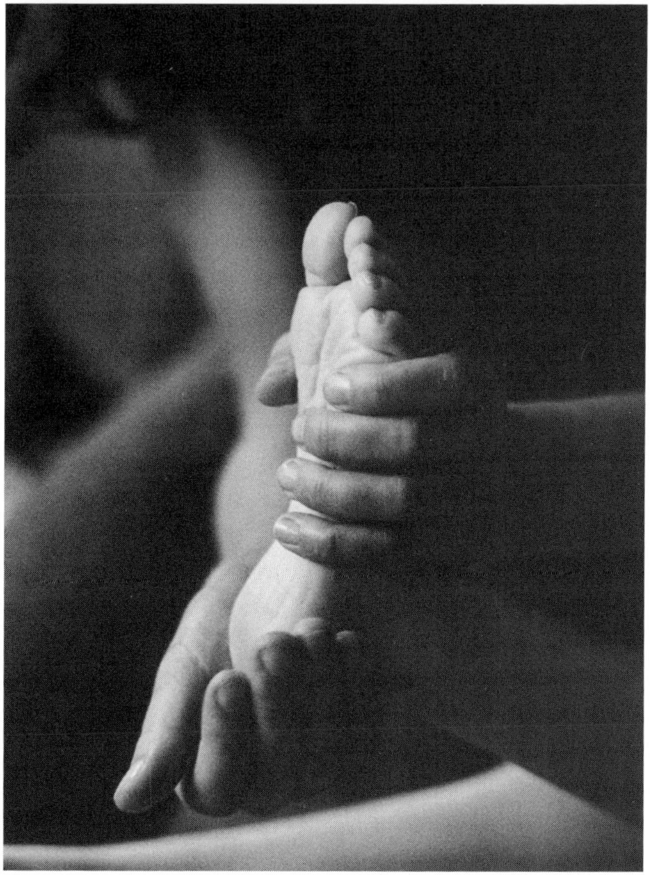

Wenn hier nun von Streichelspielen die Rede war, so darf darüber die Hauptsache nicht vergessen gehen: Für Kinder ist es wichtig, gestreichelt und liebkost zu werden. Sie spüren dann den Vater oder die Mutter ganz nah – hautnah; und ihre zärtlichen Hände sprechen von Liebe und Zuneigung. Für Kinder ist es schön, sich von liebevollen Händen immer wieder versichern zu lassen: «Du bist nicht allein in dieser Welt. Da ist jemand, der dich gern hat; du kannst diesen Händen vertrauen!» Ohne den Ausdruck dieses Gefühls wären alle Spiele leer, reine Spielereien, nur oberflächliche Beschäftigung.

Mit Leib und Seele

Auf den Körper hören

Der Körper hat Bedürfnisse. Es sind die Grundbedürfnisse nach Nahrung, Wärme, Schlaf, Bewegung, menschlicher Nähe und Zuwendung. Die Befriedigung der Bedürfnisse ist Voraussetzung, dass sich ein Mensch in seiner Haut wohlfühlt.

Der Körper weiss, was er braucht; er weiss, was ihm guttut. Mit unmissverständlichen Signalen meldet er seine Bedürfnisse an.

- Der Magen knurrt. Wir verstehen: Kalorien müssen geliefert werden!
- Wir verspüren ein Völlegefühl und müssen rülpsen: Aha, ich bin satt!
- Unruhig rutsche ich auf dem Stuhl hin und her: Eigentlich möchte ich mich gern bewegen, ich habe genug vom Stillsitzen!
- Ich gähne und reibe mir die Augen: Zeit zum Schlafen!
- Ich schlottere und habe eine Gänsehaut: Ich muss etwas Wärmeres anziehen.
- Es drückt und rumort im Unterleib: Ich suche die Toilette auf.
- Wenn ich niesen oder husten muss, wenn ich irgendwo Schmerzen verspüre, stimmt etwas nicht: Bin ich krank?
- Der Körper verlangt nach menschlicher Nähe und Körperkontakt: Zeit für Zärtlichkeit?

Der Körper belohnt uns. Wenn wir seine Mitteilungen verstehen und auf seine Bedürfnisse eingehen, schenkt er uns **Lustgefühle.** Das Wort «Lust»* ist allerdings wie das Wort «Sinnlichkeit» belastet. Dabei ist eine Fülle von Erlebnissen mit Lust verbunden, nicht nur die Befriedigung im sexuellen Sinn, die ins umfassende Lustgefühl, den Orgasmus, mündet.

Kinder können noch geniessen, können sich noch ganz ihren angenehmen Empfindungen, ihren Neigungen, ihrer Lust hingeben.

Ob ein Kind rennt, ob es mit Sand und Lehm spielt, ob es ein Bild malt oder einem Käfer zuschaut, alles macht es aus **Herzenslust.**

In diesem Ausdruck steckt noch etwas von der ursprünglichen Freude des Körpers, die bis ins Herz hineingeht.

Und wie ist es mit uns Erwachsenen?

Wir bevorzugen doch ebenfalls Tätigkeiten, die **Lust** bereiten, die **lust**voll oder **lust**ig sind! Ein lustiges Buch ist dreimal schneller gelesen als ein langweiliges. Wenn wir etwas auf lustvolle Weise machen können, empfinden wir dabei Freude. Wir können geniessen, fühlen uns lebendig. Vielleicht singen und pfeifen wir dabei.

* Das Wort «Lust» stammt vom Verb «lutan» (= sich niederbeugen, sich neigen) und wurde im Sinn von Neigung verwendet. Mit der Zeit wandelte sich die Bedeutung zu «angenehme Empfindung, Freude, Vergnügen» und zu «Verlangen», was auch das sexuelle Verlangen einschloss.

Wenn wir auf die Signale des Körpers hören und darauf eingehen, fühlen wir uns im Einklang. Das sind die Momente, in denen Körper und Geist keine Gegensätze sind, in denen wir eine Harmonie verspüren, weil wir uns **ganz** fühlen.

Der Ausdruck **«mit Leib und Seele»** ist altmodisch. Aber er gefällt mir, weil er die Idee wiedergibt, dass der Mensch nicht nur aus einem Kopf besteht, sondern auch aus einem Bauch. Man sagt: «Jemand ist mit Leib und Seele dabei!» und meint «voll und ganz», als ganzer Mensch.

Das Wort «Leib» bedeutete ursprünglich «Leben»! Später wurde es im Sinne von Körper verwendet (leib-haftig, mit Körper versehen, lebendig), wobei vielfach vor allem der Bauch, der Unterleib gemeint war (Leibschmerzen, Leibesfrucht). «Körper» ist ein neueres Wort in unserem Sprachgebrauch (vom Lateinischen «corpus»). Mit Körper werden ganz allgemein Gebilde räumlicher Ausdehnung bezeichnet. Die Verwendung des Wortes «Körper» bedeutete eine Distanzierung vom Leib: Das Wort «Leib», das Lebendigkeit ausstrahlt, wird durch den allgemeinen, einer Fremdsprache entliehenen «Körper» ersetzt.

Die Lebensweise in unserem Kulturbereich trägt dem Ganzheitsgedanken wenig Rechnung. Der Intellekt gilt viel, der Körper wenig! Die Ganzheit hat einen Bruch erfahren; vielen Menschen ist ihr Körper fremd geworden. Sie gehen auf die Signale und Mitteilungen des Körpers nicht mehr ein – die Sprache des eigenen Körpers ist zur Fremdsprache geworden.

Die Behauptung, dass der Körper wisse, was gut für ihn sei, trifft nur mit einer wesentlichen Einschränkung zu: **Ursprünglich** weiss er es. Und ein Mensch, der mit seinem Körper in Einklang lebt, kann sich auf seinen Körper verlassen. Leider geht dieses ganzheitliche Körpergefühl häufig mit dem Älterwerden verloren. Äussere Einflüsse, seien es erzieherische Massnahmen oder gesellschaftliche Zwänge, führen dazu, dass sich der Mensch immer mehr von seinem Körper entfremdet. Anstatt auf die Signale des Körpers einzugehen, bekämpft er sie:

- Meldet der Körper, dass er müde ist – wird er mit Kaffee und Aufputschmitteln wach gehalten.
- Ist er überreizt und unfähig, im Schlaf Erholung zu finden – werden Schlaftabletten eingesetzt.
- Die Signale von Hunger und Durst werden immerhin noch verstanden, aber auch sie werden geringgeschätzt – in Eile, womöglich stehend, wird schnell etwas heruntergeschlungen.
- Wird der Körper krank und signalisiert, dass er eine Pause braucht – so helfen Antibiotika, den Körper wieder unverzüglich für den Arbeitsprozess fitzukriegen.
- Entsprechend dem jeweiligen Schönheitsideal wird er mit Jogging, Trimm-Dich, Bräunungsorgien und Schlankheitskuren umgemodelt und fit gehalten. (Fitness bedeutet im Englischen eigentlich «Angemessenheit, Tauglichkeit, Gesundheit». Nur ist häufig nicht viel davon zu verspüren, wenn «Fitness» so verkrampft und verbissen angestrebt wird.)
- Die Höchstleistungen, die dem Körper abgerungen werden, müssen auch im sexuellen Bereich erbracht werden – keine Zeit für Zärtlichkeit und Entspannung, Sex wird zum Leistungssport. Kurz, «wir behandeln unseren Körper schlimmer als unseren ärgsten Feind.» (Lowen)

Sehr oft wird der heutige Mensch mit einer Maschine verglichen, die einfach richtig gewartet, instandgehalten und mit Energie versorgt werden muss, damit sie reibungslos und störungsfrei funktioniert. (Allerdings werden Störungen immer augenfälliger: Depressionen, Drogenmissbrauch, Verhaltensstörungen bei Kindern, Erkrankungen, die auf falsche Lebensweisen zurückzuführen sind, Vereinsamung ...)

Das Kind will mit Leib und Seele leben: ganz, erdhaft, sinnlich ... Dieses Bedürfnis drückt es mit seinem Körper aus. Wir Erwachsenen müssen die Körpersprache des Kindes verstehen lernen; feinfühlig spüren, was das Kind braucht und was ihm guttut, um auf seine Bedürfnisse eingehen zu können. Die frühe Kindheit ist geprägt von verschiedenen Entwicklungsphasen, von wichtigen körperlichen Erlebnissen: gestillt werden – die Ausscheidungen beherrschen lernen – den Körper erkunden. In jeder Phase öffnet sich dem Kind eine neue Welt – voll von spannenden Eindrücken und Lernerfahrungen. Und nur, wenn das Kind eine Phase auf befriedigende Weise ausleben konnte, ist es offen und bereit für den nächsten Schritt in seiner Entwicklung. Ob wir Erwachsenen dem Kind Raum geben, diese Körpererfahrungen spielerisch und lustvoll entdeckend zu erleben, oder ob der Zwang zur Anpassung an die Erwachsenenwelt im Vordergrund steht, wird auf die Entfaltung seiner Persönlichkeit einen prägenden Einfluss haben.

Unser Körper – Freund oder Feind?

In der heutigen Zeit haben wir ein gespaltenes Verhältnis zu unserem Körper: Die Leistungen des Kopfes, des Intellekts werden anerkannt, der Körper wird vernachlässigt (ausser wenn er Höchstleistungen erbringen soll!). Die Trennung zwischen Körper und Geist ist die Folge einer Entwicklung, die hier nicht ausführlich dargestellt werden kann. Im Hinblick auf das Folgende sollen aber wenigstens einige Aspekte aufgezeigt werden:

Die Lebensweise im 15. und 16. Jahrhundert war geprägt von einer für uns erstaunlichen Offenheit. Die ganze Familie (damals eine Grossfamilie!) schlief zusammen mit allen Bediensteten in einem einzigen Raum. Auch im Badehaus waren Frauen und Männer zusammen, und zwar nackt. «Die jungen Menschen brauchten keine Aufklärung, da sie aus der Welt der Erwachsenen sehen, fühlen und lernen konnten, was sie wissen mussten.»* Man ass mit den Fingern aus dem gleichen Topf, trank aus demselben Becher Wein und verrichtete die Bedürfnisse des Körpers in aller Öffentlichkeit.

Mit dem Aufstieg des Bürgertums begann ein Prozess tiefgreifender sozialer Veränderungen. Die Industrialisierung setzte dem Zusammenleben in Grossfamilien ein Ende. Die Reformation brachte ein neues Arbeitsethos hervor. Als Ideal galt immer mehr, seinen Körper in den Griff zu bekommen, völlig Herr seiner Sinne zu sein, um so den wachsenden Ansprüchen der Technik und des Fortschritts genügen zu können. Fleiss, Zuverlässigkeit, Disziplin und Strebsamkeit sah man als vornehmste Tugenden an. Wo Zeit zu Geld wird, darf sie nicht mit sinnlich-körperlichen Vergnügungen und Lustbarkeiten, die sich nicht in klingende Münze umsetzen lassen, verschwendet werden. Man könnte diese Zeit (Mitte 17. bis Ende 19. Jahrhundert) als einen Übergang von einem Leben in Öffentlichkeit zu einem Leben in Verhüllung und Verborgenheit beschreiben. Diese zunehmende Körperfeindlichkeit widerspiegelt sich nicht nur im sexuellen, im intimsten Bereich. Sie beeinflusste die ganze Lebensart: «Rülpsen und Furzen, für Luther noch Beweis dafür, dass das Essen geschmeckt hat, gelten als unfein, sogar als Belei-

* Alle folgenden Zitate aus van Ussel: Sexualunterdrückung

digung. Ausspucken wird verboten. Fürs Schneuzen muss man ein (sauberes) Taschentuch bei sich tragen. Gähnen muss mit der Hand verdeckt werden. Die Verrichtung der kleinen und grossen Bedürfnisse wird zu einem verborgenen Akt in der Intimsphäre. Ein immer grösserer hygienischer Aufwand wird gegen Schmutz und Schweiss getrieben. Auch unmittelbare körperliche Beziehungen zum Mitmenschen werden unterbunden: Tischgenossen essen nicht mehr mit den Händen aus demselben Topf, der Becher macht nicht mehr die Runde, man schläft nicht mehr zusammen auf einem Lager, schon gar nicht nackt. Affektausbrüche – Schreien, Toben, Weinen, Ausgelassenheit – dürfen gar nicht mehr erst entstehen, Affekte, Gefühle, Stimmungen müssen durch „Höflichkeit" des Umgangs gedämpft und nivelliert werden.»

Dies hatte auf die Kindererziehung einen direkten Einfluss. Es entstand die Idee, man müsse die Kinder vor allem Sexuellen bewahren. Kinder hätten noch gar keine Sexualität, sie seien noch «rein und unschuldig». Verschiedene Pädagogen verfassten Schriften, in denen sie aufzeigten, wie die Kinder am besten vor Sexuellem bewahrt werden könnten, nämlich indem man in ihnen Ekel und Abscheu vor allem Analen und Genitalen hervorrufe: «Die Schamhaftigkeit der Kinder muss aus dem Ekel vor den Körperteilen bestehen, die sie als Werkzeuge schmutziger Exkremente kennen.» Nach Ansicht eines zeitgenössischen Sexualpädagogen sollte das «Sexuelle, das heisst das Unsittliche, als eine widerliche Sauerei erklärt werden». Sexualität wurde auf das Ausüben des Koitus reduziert und ins elterliche Schlafzimmer eingesperrt – keine noch so geringen Anzeichen erotischer Gefühle der Eltern durften im Familienalltag spürbar werden.

Das Gebot, die Sinnlichkeit unter Kontrolle zu halten, bewirkte auch einen Gegeneffekt: Indem Nacktheit aus einer fast alltäglichen Erfahrung zurücktrat, wurde die erotische Reizbarkeit erhöht. Das Nackte wurde schockierend, suggestiv, aber vor allem auch sehr verführerisch. In übersteigertem Masse sprachen die Sinne auf alles Reizvolle an – auch völlig Harmloses wurde sexualisiert.

«Immer mehr Gebärden und Körperteile wurden zu Signalen möglicher Gefahr und Lust, wurden also mit erotischen Spannungen aufgeladen. (. . .) Reiten, geheizte Zimmer, zu warme Kleidung, weiche Sessel und Betten, warme Getränke, Bücher, Bilder, kräftige Nahrung, zu häufiges Lachen, zuviel Parfum, Kräuter und Spezereien, weichliches Ohrengekitzel der damaligen Musik» – all dies «bedrohte den geschwächten Sterblichen (besonders weiblichen Geschlechts) mit dem Verlust seiner Keuschheit. (. . .) Mehr noch als das Ohr und noch stärker als die Hand wurde das Auge Vermittler der Lust. Das Anschauen erotischer Darstellungen war leichter möglich und wurde eher toleriert als Anfassen und Handeln.»

Diese Enwicklung fand ihren Höhepunkt in der zweiten Hälfte des 19. Jahrhunderts, im sogenannten Viktorianischen Zeitalter. Schamhaftigkeit wurde zum Kult, und das Sexuelle durfte nur noch im Verborgenen Blüten treiben.

Es gab jedoch immer wieder Gegenbewegungen zu dieser rigorosen Moral. Verschiedene Entwürfe einer freieren Gesellschaft, in der auch die Sexualität ihren Platz hätte, wurden propagiert und zum Teil ausprobiert, konnten sich aber nicht durchsetzen. Die Anfang des 20. Jahrhunderts aufkommende Psychoanalyse wagte es, die wichtige Rolle der Sexualität ins öffentliche Bewusstsein zu bringen. Als logische Folge einer Zeit der Verneinung und Unterdrückung von Sexualität wurde im 20. Jahrhundert Sex immer mehr zum Thema, bis mit der Sexwelle der sechziger Jahre die Idee vom völlig freien, von gesellschaftlichen Schranken ungehinderten Ausleben der Sexualität aufkam. Gleichzeitig wurde die Tatsache, dass Frustrationen und unbefriedigte Bedürfnisse zu Geld gemacht werden können, geschickt ausgenützt, was zu einer Vermarktung von Sexualität in grossem Stil führte.

Weder die Prüderie, noch das Überbetonen der Sexualität entspricht der Ganzheit des Menschen. In neuerer Zeit taucht immer häufiger der Ruf nach Zärtlichkeit, nach mehr Gefühl auf. Zeichen einer Trendwende?

Stillen – Bedürfnisse stillen

Gestillt zu werden, ist für das Baby das erste sinnliche Erlebnis. Viele seiner Bedürfnisse werden dabei auf lustvolle Weise befriedigt. Mit der Durchtrennung der Nabelschnur wird das Baby von der Mutter «abgeschnitten». Erlebte es bis zu diesem Zeitpunkt im Mutterleib einen Zustand, in dem sich alles selbst regelte, muss sich nun sein Körper umstellen. Er muss Atmung, Verdauung, Stoffwechsel usw. selber übernehmen. Über die Brust der Mutter findet das Baby aber wieder eine Art Brücke – eine Verbindung zur Mutter und somit zur Welt überhaupt.

Der Kinderpsychologe René Spitz beobachtete, dass neugeborene Kinder, die auf den Bauch der Mutter gelegt werden, mit dem Mund die Brustwarze suchen und zu ihr «hinrobben». Die Nabelschnur ist genau so lang, dass ein Neugeborenes noch vor dem Abnabeln an die Brust der Mutter gelegt werden kann, worauf es in den meisten Fällen sofort zu saugen beginnt.

Man könnte meinen, die Natur habe den Stillvorgang auf eine Weise eingerichtet, die

engsten Körperkontakt gewährleistet. Durch das Saugen an der Mutterbrust werden die Grundbedürfnisse des Kindes nach Wärme, Hautkontakt und Nahrung gestillt. Es wird voll von köstlicher Nahrung – es spürt den wärmenden Körper der Mutter – ahnt ihr Gesicht – hört ihren Herzschlag und ihre Stimme – fühlt sich geborgen in den Armen – riecht den Duft der Haut – erlebt die befriedigende Wirkung des Lutschens. Stillen verschafft nicht nur dem Baby, sondern auch der Mutter lustvolle Empfindungen. Für manche Mutter mag es überraschend und unter Umständen schwierig zu akzeptieren sein, dass das Saugen des Kindes sexuell stimulierend wirken kann. Viele Frauen berichten aber, dass das Stillen für sie mit sehr starken Lustgefühlen verbunden ist. Vielleicht ist dies mit ein Grund, dass als Nachwirkung des Viktorianischen Zeitalters das Stillen, als natürlichster Vorgang der Welt, aus der Mode kam, nicht mehr «salonfähig» war. Aus jener Zeit stammt auch die Vorstellung, ein Baby schreien zu lassen, sei gesund und notwendig. Nehme man es zu häufig in den Arm, werde es nur verwöhnt. Man versuchte, die Säuglinge auf das Einhalten eines Fütterungsplans zu trainieren und liess sie in den Zeiten zwischen den Mahlzeiten oft allein im Bettchen, um sie schon früh zur Selbständigkeit zu erziehen.

In der Sprache findet diese Entfremdung ihre Entsprechung: Man musste nicht mehr für ein Kind **sorgen,** sondern es richtig, hygienisch, genau nach Vorschrift **ver**sorgen. Viele Mütter wurden von diesen Erziehungstheorien so verunsichert, dass sie es nicht mehr wagten, den Äusserungen des Babys und ihren spontanen Regungen zu trauen, sondern sich an starre Regeln hielten. Eine Säuglingsschwester bestätigte mir, dass diese Vorstellungen bis in die heutige Zeit nachwirken: «Fast alle Mütter von Neugeborenen fragen mich, ob man das Kind immer sofort stillen solle, wenn es weint, oder ob man es schreien lassen müsse bis zur geplanten Fütterungszeit. Ich sage dann den Müttern immer: ,,Es tut Ihnen doch selber weh, wenn Sie Ihr Baby weinen hören. Stillen Sie das Kind dann, wenn es danach verlangt. Haben Sie mehr Vertrauen in sich selber und hören Sie nicht auf die Ratschläge, die Sie von allen Seiten erhalten. Sie kennen doch Ihr Kind am besten! Folgen Sie einfach dem, was Sie spüren, dass es dem Kind guttut!''»

Manche Erwachsene sind der Meinung, ein Kind müsse früh genug den Ernst des Lebens kennenlernen, frühzeitig abgehärtet werden. Sie bedenken aber nicht, dass ein kleines Kind tagtäglich mit kleineren und grösseren Frustrationserlebnissen fertig werden muss (es greift nach Dingen und erlangt sie nicht; es will sich drehen und aufsitzen, was erst nach vielen mühseligen Versuchen gelingt; es liegt nass, hat Hunger, fühlt sich allein, und während langer Zeit kommt niemand, um zu trösten oder Wohlbefinden zu schaffen). Kinder müssen sich an der Realität und der Tücke der Objekte schon zur Genüge die Zähne ausbeissen; es ist völlig überflüssig, dass die Erwachsenen ihnen zusätzliche Steine in den Weg legen.

Marie Meierhofer betont, dass ein Säugling **unmöglich verwöhnt** werden könne, jedoch in einen Verzweiflungszustand gerate, «wenn sein Bedürfnis nicht unmittelbar befriedigt wird. Hat er zum Beispiel Hunger oder Durst, bevor seine Mahlzeit fällig ist, wird er sich nicht bewusst, dass diese bald kommen wird. Es fehlen ihm Erfahrung, Gedächtnis, Voraussicht. Er gerät in einen totalen Notzustand. Wenn nicht sofort Abhilfe kommt, steigert sich sein Schreien mehr und mehr, er zittert, rudert mit den Armen und

Beinen, schwitzt und verfärbt sich rot und blau im Gesicht oder wird blass vor Erschöpfung. Dieser starke Erregungszustand verhindert nachher das ruhige Trinken der Mahlzeit und gibt bei Wiederholung Anlass zu mancherlei Störungen der Nahrungsaufnahme.» (M. Meierhofer)

Ist eine Mutter gezwungen, dem Kind die Flasche statt der Brust zu geben, so kann dies für das Kind trotzdem eine positive Erfahrung sein. Die Mutter muss sich bewusst sein, dass es vor allem auf das **Wie** ankommt. Sie kann ihm «durch Körpersprache klarmachen, dass es geliebt wird. Hält sie beim Füttern Blick- und Armkontakt mit dem Kind aufrecht, lächelt sie ihm zu und spricht sie mit ihm, gibt sie ihm ihre ganze Aufmerksamkeit, statt mehrere Dinge gleichzeitig zu tun, so nimmt das Kind auch das wahr und drückt in seiner eigenen Körpersprache seine Befriedigung aus. Es trinkt seine Milch und verdaut sie gut, es lächelt die Mutter an, es berührt sie, es schläft lächelnd ein.» (Borneman)

So klein ein neugeborenes Wesen ist, so klar kann es seine Bedürfnisse doch schon ausdrücken. Es hat einen wesentlichen Einfluss auf seine weitere Entwicklung, wie wir Erwachsenen auf seine Bedürfnisse reagieren und damit umgehen, ob wir seine Signale verstehen und darauf eingehen wollen. Wenn ein Baby hungrig ist, schreit es. Wenn es satt ist, hört es auf zu trinken. Seine Körpersprache ist unmissverständlich: es wendet den Kopf ab. Hat der Erwachsene noch nicht verstanden und will das Kind weiterhin zum Trinken anhalten, so wehren die Händchen die unerwünschte Nahrung ab. Diese klaren Äusserungen werden häufig weniger ernst genommen als die Vorschriften, wieviel Gramm Nahrung das Kind zu sich zu nehmen habe. Als ob Kinder immer gleich viel Appetit und alle die gleich grossen Mägen hätten . . .

Babys teilen auch mit, wann sie das Gestilltwerden abstellen möchten. Die Dauer des Stillens reicht je nach Kulturbereich von einigen Wochen bis zu drei Jahren. Für europäische Verhältnisse gilt der Zeitpunkt des Durchbruchs der Milchzähne als gegeben für eine behutsam einsetzende Entwöhnung. Langjährige Beobachtungen eines Kinderarztes haben aber gezeigt, dass viele Säuglinge ungefähr vom fünften Monat an vom Stillen genug bekommen, die Brust mit den Händchen wegschieben, sich weigern, die Brustwarze in den Mund zu nehmen, und nur noch einmal, etwa in der Nacht oder vor dem Einschlafen, nach der Brust verlangen. Wenn für das Kind die Stillerfahrung befriedigend verlief, wenn es durch dieses Erlebnis ein Grundvertrauen entwickeln konnte, wird das Kind wahrscheinlich von sich aus einen ersten Schritt zur Selbständigkeit machen.

«Am besten ist es, Sie überlassen es dem Kind, sich selbst abzustillen. Manche Kinder verlieren mit sechs Monaten das Interesse an der Brust und stürzen sich auf Butterbrote, Leber mit Reis und Fruchtjoghurt. Andere wieder gehen nur langsam auf Breie über und bestehen noch im zweiten Jahr abends und morgens auf Brust oder Flasche. Passen Sie sich dem Kind an. Es besteht kein Grund, es zu einem anderen Verhalten zu zwingen.» (Sichtermann)

Zum ersten Mal erfahren zu müssen, dass das Kind seinen eigenen Weg gehen will und dass es sich im Laufe seiner Entwicklung immer mehr ablösen wird, ist für manche Mutter sehr schmerzlich. Begreiflich, dass sie dann die Mitteilungen in Körpersprache nicht verstehen will und ihr Kind noch gern eine Weile als kleines Baby behalten möchte.

Eine Mutter erzählt: «Als mein Sohn etwa sechseinhalb Monate alt war, begann er zu meinem Erstaunen sehr häufig, den Kopf wegzudrehen, wenn ich ihn an die Brust legen wollte. Er war je länger, je weniger dazu zu bewegen, die Brustwarze zu fassen. Ich war sehr beunruhigt, da er vorher sehr gut getrunken hatte. Mit der Zeit spürte ich aber, dass er genug von der Brust hatte. Er schien sich zu „langweilen". Mir „gab das einen Stich in die Brust". Ich habe das Stillen sehr genossen, und es fiel mir schwer zu akzeptieren, dass sich seine Bedürfnisse geändert hatten, dass er nun kein **Säug**ling mehr war, dass das Persönchen selbständig geworden war.»

Seitdem sich die Frauen (vor allem ausgelöst durch die Anstösse der Frauenbewegung) intensiv mit ihrer Rolle als Frau und Mutter auseinandersetzen, sind viele von der Wichtigkeit des Hautkontakts und des Bruststillens überzeugt. Sie sehen dies als Chance für sich und das Kind und zeigen es, indem sie auch in der Öffentlichkeit ihr Kind an die Brust legen. Vor wenigen Jahren wäre dies noch unvorstellbar gewesen.

Um das Kind näher bei sich zu haben und es überall hin mitnehmen zu können, bevorzugen immer mehr Mütter und Väter das Baby in einem **Snugli** vor dem Bauch oder in einem **Tragtuch*** auf der Hüfte zu tragen. So liegt das Kind nicht isoliert im Kinderwagen, sondern ist in ständigem Körperkontakt. Es kann eine Umgebung beobachten, es erhält Anregungen, und sehr oft schläft es, von den Bewegungen des Vaters oder der Mutter sanft gewiegt, zufrieden ein. Der Erwachsene wiederum spürt in jedem Moment, wie sich das Kind fühlt, kann auf seine Äusserungen

unverzüglich eingehen und gleichzeitig auch das eigene Bedürfnis nach Nähe und Körperkontakt mit dem Kind stillen.

Auch wenn die Kinder dem Babyalter entwachsen sind, behält der Mund seine Bedeutung als Lustquelle. Küssen, Essen, für viele auch das Rauchen, zählen bei Erwachsenen zu den sehr geschätzten Beschäftigungen. Kinder geniessen es, aus dem Essen ein sinnliches Erlebnis zu machen. Selbstverständlich müssen den Kindern gute Tischmanieren beigebracht werden, aber der

* Informieren Sie sich über die verschiedenen Tragmöglichkeiten für Babys und Kleinkinder im Fachhandel oder bei der Mütter- und Väterberatungsstelle ihrer Region.

Drill dazu muss nicht schon im Kleinkindalter einsetzen. Für die Grösseren kann man ab und zu eine Mahlzeit zum Plauschessen erklären. Hier einige Ideen:

- mit der Zunge den Schwingbesen, eine Schüssel oder einen Teller ausschlecken
- einmal wie eine Katze die Suppe mit der Zunge läppeln
- mit der Zungenspitze etwas in die Schoggicreme zeichnen
- mit einem Strohhalm im Glas Blasen aufsteigen lassen
- mit den Händen essen (die Mehrheit der Menschen isst ohne Löffel und Gabel)
- mit Stäbchen essen (das wird zum Geschicklichkeitswettbewerb beim Essen von Erbsen)
- ohne jegliche Hilfe der Hände etwas essen
- wie ein Staubsauger die Nahrung einziehen (besonders geeignet sind Nudeln oder Spaghetti)

Mit Sicherheit werden die Kinder noch auf eine Menge weiterer Ideen kommen.

Die Welt erschmecken

Durch das Saugen wird noch ein weiteres Bedürfnis des Kindes gestillt. Es lassen sich nämlich zwei verschiedene Arten von Saugen beobachten. Das eine dient der Nahrungsaufnahme und geschieht sehr zielstrebig und im ersten Hungergefühl sehr gierig. Das andere wird oft auch als «Wonnesaugen» bezeichnet. Das Kind nuckelt hingebungsvoll, ohne eigentlich zu schlucken, und zwar nicht nur an der Mutterbrust, sondern an jedem anderen Körperteil und an jedem Gegenstand, der ihm zur Verfügung steht. Die Finger, die Zehen, die ganze Faust, der Leintuchzipfel, Spielzeug, alles, was sich erwischen lässt, wird in den Mund gesteckt, durchgeschmeckt und belutscht.

Das Kind **erschmeckt*** sich im wahrsten Sinne des Wortes die Welt. Durch den Mund – durch das Lutschen – nimmt es Kontakt mit seiner Umwelt auf. Es beginnt, sie sich portionenweise einzuverleiben, sie zu «verdauen» und sie schliesslich zu erkennen. Diese Erfahrungen sind prägend dafür, ob es an der Welt **Geschmack** finden kann; ob ihm das Leben **schmecken** wird. «Durch den greifbaren Mutterleib, den Kontakt durch die Lippen, den Griff nach der mütterlichen Brust und das Daran-Festhalten durch die Finger und Hände hält das Kind die Welt in seinen Händen.» (Montagu)

Würde man das Lutschen unterbinden, so bedeutete dies, den beginnenden Erkennungsprozess des Kindes zu stören, wenn nicht gar abzublocken. Die ersten Lernprozesse des Kindes geschehen also nicht als bewusste Handlung. Man muss das Kind nicht künstlich motivieren. Durch die lustvolle Befriedigung seiner Bedürfnisse, aus einem Wohlbefinden heraus, bekommt das Baby Sicherheit und gewinnt Vertrauen. Es entsteht in ihm Mut zum Leben. **Aus reiner Lust und aus lustvoll erlebter Befriedigung wendet sich das Kind seinen Bezugspersonen und der Umwelt zu.**

* Das lateinische Wort für Verstand, Weisheit heisst «sapientia» und leitet sich von «sapere» = schmecken ab.

Zwischen Schmutz und Schönheit

Jeder Körper ist einzigartig. Jeder Körper ist auf seine Art schön. Und doch ist es kein Leichtes, den Körper so zu bejahen, wie er ist. Tagtäglich sehen wir uns in Zeitschriften, auf Plakaten und auf der Filmleinwand Idealvorstellungen gegenüber. Der Vergleich mit den perfekten Schönheiten vermiest es uns oft, den eigenen Körper gern zu haben.

Jeder hat etwas an sich auszusetzen: Der eine findet sich zu dick, der andere zu dünn – wer krause Haare hat, möchte lieber glatte – wer Sommersprossen hat, wünscht sie zum Teufel – Haare an den Beinen sind unerwünscht, keine Haare auf dem Kopf führen zu Panik – der Hintern ist zu gross, der Busen zu klein . . . Eine ganze Kosmetikindustrie profitiert davon, dass abgespeckt, gestreckt, gefärbt, gekürzt, geglättet oder angesetzt, dass der Körper auf die jeweilig geltende Schönheitsnorm zurechtgestutzt werden muss. Der Körper ist ein lebendiger Organismus: Er wächst, er verändert sich, er altert – er ist etwas Wunderbares! Viel interessanter als alle Perfektion sind die liebenswerten Unzulänglichkeiten, die jeden Körper zu etwas Besonderem machen.

Unsere Kultur tut sich schwer damit, den Körper als etwas Lebendiges gelten zu lassen. Ein lebendiger Körper manifestiert das auf verschiedenste Weise: Er sondert Schweiss ab, produziert Gerüche, sondert allerlei Schleimiges ab, scheidet Kotiges aus, kurz benimmt sich ganz und gar ungebührlich in unserer wohlerzogenen Deodorant-Welt. Ein Kind lässt sich in frühen Jahren vom Hygienekult der Erwachsenen wenig beeindrucken. Es hat seinen Körper gern und findet all die Vorgänge, die sich in seinem Körper abspielen, spannend:

- Da kollert Luft im Bauch und führt zu kleinen Explosionen, die manchmal so herrlich knallen und stinken.
- Es kitzelt in der Nase, und darauf entsteht ein Gewitter.
- Der Finger passt so schön in die Nase und fördert schleimige Klümpchen verschiedenster Formen zutage.
- Plötzlich knurrt etwas im Bauch (ein Hund?) und zwickt und kneift – nach einigen Bissen Nahrung ist das Knurren wieder verschwunden.
- Das Kind fällt hin, fühlt Schmerz – und aus den Augen tropft es.

All dies ist so interessant, dass Kinder auch ausprobieren wollen, was sich alles mit dem Körper anstellen lässt; zum Beispiel herausfinden, ob sich in die Öffnungen, aus denen Flüssigkeit herauskommt, auch Flüssigkeit hineinfüllen lässt. «Volker (2½) sitzt am Strand. Er hat eine Flasche mit Seewasser gefüllt, hält sein kleines Glied nach oben und versucht nun, durch die Harnröhre Wasser in sich reinzufüllen. Der Vater kommt dazu, schüttelt den Kopf. Soll er dem Söhnchen erklären, dass das nicht geht? Es gibt keine Belehrung und keine Erklärung, die ein kleines Kind so überzeugt wie die Offenbarungen seines Körpers. Wenn es auch lange und vergeblich herumprobiert – das Körpergesetz, das das kleine Kind hier selbst herausfindet, sitzt zeitlebens.» (Schmeer)

Der Prozess, der Kinder von der elementaren Körpererfahrung wegführt, beginnt, wie so vieles, schon im **Babyalter.** Es ist von entscheidender Bedeutung, wie ein Baby das Waschen und Gewickeltwerden erlebt.

Waschen und baden, auf der Haut warmes Wasser zu spüren, am ganzen Körper abgerieben zu werden, könnte ein lustvolles und sinnliches Vergnügen sein. Aber die Erwachsenen, denen Sauberkeit über alles geht, «wischen mit Lappen und Seife nicht nur den Kinderpo blank, sondern auch ihre Sinnlichkeit. (. . .) Wenn Sie das Baby wickeln, so geniessen Sie das Nacktsein mit ihm und liebkosen Sie all die gerundeten und berührungsempfindlichen Partien, deren Los es ist, die längste Zeit in dunklen, feuchten Windelpaketen verborgen zu ruhen. Das Neugeborene reagiert noch nicht spezifisch, ausser dass es sich – manchmal sichtlich – entspannt und aussieht, als ob es lausche. Warten Sie aber nur ein paar Wochen und Monate, und schon reckt und streckt es seinen Körper mit Lust Ihnen entgegen, wenn Sie es auswickeln. Es jauchzt, wenn Sie es dann liebkosen, es nimmt, befriedigt, das Eingewickeltwerden hin, und Sie haben aus einer Notwendigkeit ein Rendezvous gemacht. Lassen Sie sich Zeit beim Wickeln. Versuchen Sie keinesfalls, die tüchtigen Säuglingsschwestern zu kopieren, die die Neugeborenen abfertigen,

als stünde einer mit der Stoppuhr hinter ihnen.» (Sichtermann)

Reinlich und sinnlich: kein Gegensatz

«Die Natur scheint ihre Geschöpfe nach einem Sparsamkeitsprinzip hervorzubringen.» Sie lässt die sexuellen Aufgaben und diejenigen des Ausscheidens von denselben oder benachbarten Organen ausführen. «Weil in unserer Gesellschaft die Ausscheidungsprodukte nichts weiter als stinkende Abfälle sind, gerät die Sexualität leicht in die Nähe des Schmutzes.» (Kentler)

Wie das Kind die sogenannte Reinlichkeitserziehung erlebt, ist für seine spätere Einstellung der Sexualität gegenüber von grosser Bedeutung. Erfährt es, dass die Eltern immer nur dann den Sexualorganen Aufmerksamkeit schenken, wenn sie im Zusammenhang mit Ausscheidungen sauber gemacht werden müssen, so wird die Sexualität selber zu etwas «Unsauberem», Schmutzigem.

Es ist noch nicht allzu lange her, da trugen viele Mütter eine Art Wettbewerb unter sich aus, wer sein Kind am schnellsten sauber gebracht hätte. Dies wurde beinahe mehr als Leistung der Mutter denn des Kindes empfunden. Zum Glück hat sich dies heute geändert. Man hat eingesehen, dass es nichts bringt, sein Kind zu forcieren. Wer interessiert sich später schon dafür, ob er mit zwei oder erst mit vier Jahren nicht mehr in die Windeln gemacht hat?

Die Reinlichkeitserziehung könnte als «Dialog» zwischen Mutter und Kind bezeichnet werden, wobei das Kind die Erfahrung macht, dass es die Mutter «durch eine Verweigerung

binden kann. Das Kind soll nämlich zu einem bestimmten Zeitpunkt und an einem bestimmten Ort seine Ausscheidungen hergeben – gleichsam als Geschenk für die Mutter –, während es zuvor rein physiologisch ohne jede Kontrolle seine Ausscheidungsvorgänge lustvoll erlebt hat.» (Brocher)

Wie dieser Dialog in anderen Kulturen auf völlig andere Weise verlaufen kann, hat mir eine Mutter erzählt: «Ich habe beobachtet, dass die Reinlichkeitserziehung bei den Chinesinnen überhaupt kein Problem ist. Sie tragen den

Säugling in einem Tuch auf dem Rücken, so dass er in ständigem Körperkontakt mit der Mutter ist. Als ich unser Kindermädchen fragte, wie die Chinesinnen das eigentlich bewerkstelligen, damit sie nicht vom Kind nass gemacht würden, schaute sie mich völlig verständnislos an und konnte gar nicht begreifen, dass ich so etwas Selbstverständliches fragte.

Sie erklärte mir, dass eine gute Mutter rechtzeitig merke, dass ihr Kind sein Bedürfnis verrichten wolle. Sie nimmt es vom Rücken und trägt es an eine Stelle, wo es dies erledigen kann, und hopp, ist es wieder auf dem Rücken. Das ganze geschieht ohne viele Worte, ohne Theater. Bereits im Alter von acht Monaten hat sich das so gut eingespielt, dass praktisch kein „Unglück" mehr vorkommt. Falls es trotzdem passieren sollte, so wird die Mutter ausgelacht, denn sie wird ja schliesslich nass oder beschmutzt. In den Augen der anderen Leute ist sie eine schlechte Mutter, weil sie zuwenig gut spürt, was ihr Kind für Bedürfnisse hat.»

Der Prozess des «Sauberwerdens» hängt von der Verständigung zwischen Erwachsenem und Kind ab. Zwang und die Meinung, «Übung mache den Meister», sind fehl am Platz. Die willentliche Beherrschung der Schliessmuskeln ist ein komplizierter Vorgang, der erst ab drei bis dreieinhalb Jahren überhaupt möglich ist. Was vorher erfolgreich im Töpfchen landet, ist reiner Zufall oder beruht auf der Signalwirkung des Topfunterschiebens.

Aber auch hier wird das Kind seinem eigenen Entwicklungsrhythmus folgen und sich melden, wenn es das Bedürfnis hat, nun ohne Windeln herumlaufen zu können. Wir müssen Geduld haben und dem Kind Zeit geben. Sieht es zudem, wie die anderen Familienmitglieder keine Windeln tragen müssen und sich auf seltsame grosse Schüsseln setzen, so wird es von sich aus ausprobieren wollen, ob es nicht auf die gleiche Art wie die Grossen einen «Gaggi» machen könne.

Das Kind hat seinen Körper gern und somit auch, was aus ihm herauskommt. Es ist stolz auf seine Produkte und ekelt sich nicht davor. Im Gegenteil, so etwas Weiches, Breiiges, Riechiges lädt doch geradezu ein, zwischen den Fingern geknetet, verrieben und mit dem Mund gekostet zu werden. Es ist wichtig, dass das Kind diese Phase ausleben kann. Nimmt die Mutter sogleich, nachdem das Kind etwas gemacht hat, den Topf angeekelt weg, so fühlt sich das Kind betrogen. Und kein Kind wird, nachdem es die Erfahrung gemacht hat, wie sich sein «Gaggi» wunderbar verstreichen lässt, wie er zu Kügelchen geformt und in den Mund gesteckt werden kann, mit Inbrunst von nun an nur noch Kot essen wollen. Es geht um ein Ausprobieren. Fast alle Kinder spucken den Kot bald wieder aus und merken, dass Kartoffelstock doch besser schmeckt.

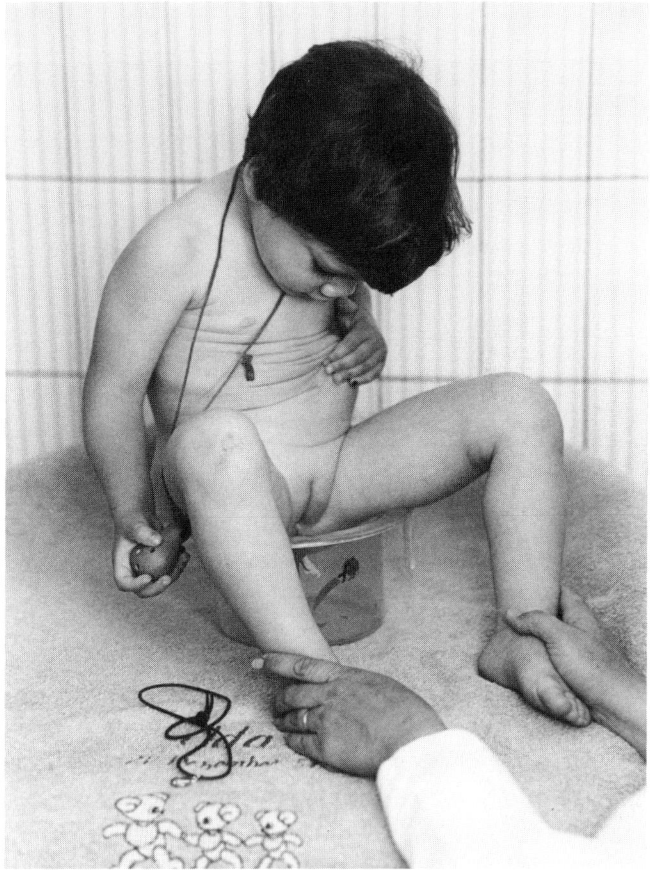

Um das Bedürfnis des Kindes nach Breiigem und Matschigem zu erfüllen und den Spannteppich trotzdem zu schonen, wird man dem Kind möglichst viel Gelegenheit verschaffen, mit Sand, Lehm, Wasser und Schlamm zu spielen. Selbstverständlich ist es sicher nötig und wichtig, das Kind mit den bei uns geltenden Anstandsregeln vertraut zu machen, da es sonst in unserer Gesellschaft überall anecken würde. **Aber wir können versuchen, dem Kind mehr Zeit und mehr Spielraum dabei zuzugestehen.**

Badeplausch und Seifenspass

Die Idee, Waschen und Baden zu einem lustvollen Erlebnis auszuweiten, gilt natürlich nicht nur für die Babyzeit. Sicher, manchmal eilt es, und die Körperpflege sollte effizient erledigt werden. Aber welch ein Genuss, wenn die Hygiene nicht mehr im Vordergrund steht und die Waschprozedur zu einem Fest werden darf! Kinder sträuben sich manchmal aus Leibeskräften, wenn es darum geht, wieder einmal gründlich und auch hinter den Ohren geschrubbt zu werden. Hingegen lieben sie es, stundenlang im Badewasser zu sitzen und mit dem Schaum oder den Plastiktieren zu spielen. Welch ein Vergnügen, mit Bruder oder Schwester in der Badewanne als Walfisch und Delphin unterzutauchen, mit Vater oder Mutter im schäumenden, warmen und duftenden Wasser zu planschen.

Auch für die Erwachsenen ist es doch ein Vergnügen, sich nach dem Sport zu duschen, im Winter, wenn es draussen eisig kalt ist, in der Hitze der Sauna zu schwitzen, um dann ins kalte Wasser zu tauchen oder nach einem anstrengenden Arbeitstag die Wohltat eines entspannenden Vollbades zu geniessen.

Hygiene ist eine nützliche Sache. Aber bitte nicht des Guten zuviel! Das Wort ist vom griechischen «hygies» abgeleitet, was soviel wie **gut leben,** gesund und munter sein(!) bedeutete. Statt strahlender Sauberkeit sollte vielleicht dieser Gedanke wieder vermehrt im Zentrum stehen. Hier einige **Vorschläge,** wie sich Sauberkeit und «gut leben» für die Kinder verbinden lassen:

- «Schuum-Verchleidis»: Wir lassen Wasser in die Badewanne einlaufen und fügen eine Überdosis Schaumbad hinzu. Mit dem entstehenden Schaum wird der Körper dekoriert. Man kann sich neckisch gewagte Bikinis auftragen, sich sittenstreng von Kopf bis Fuss in Schaum einhüllen oder gewaltige Hüte auftürmen.
- Für die Nase: Badezusätze mit verschiedenen Kräuteressenzen ausprobieren.
- Für die Haut: Cremige oder ölige Badezusätze zur Verfügung stellen und das Kind nach Lust und Laune auswählen lassen. Auch wenn das Kind schon in der Lage ist, sich selber zu waschen, geniesst es sehr, ab und zu von den Händen der Mutter oder des Vaters verwöhnt zu werden. Verschiedene Utensilien zu einer Art Unterwassermassage verwenden: Weichen Schwamm, Waschlappen, Bürste, Sisalhandschuh usw. Oder die Hände fahren mit verschiedenem Druck den glitschigen, seidenweichen Gliederchen entlang.
- Spray-Bilder mit Rasierschaum: Diese Variante ist ein bisschen kostspieliger. Aber warum nicht einmal statt Farbstiften dem Göttikind eine Dose Rasierschaum schenken für ein Badezimmer-Happening? Die Kinder dürfen nun einander oder den Eltern auf Bauch und Rücken Bilder aufsprayen. Wenn man will, dass die Kunstwerke Dauer haben, kann man ein Foto davon machen.
- Nach dem Bad: Zur Abwechslung sich nicht mit einem Frottiertuch trocknen. Mit dem warmen Luftstrahl eines Föns den ganzen Körper trocken werden lassen. Nachher sich gegenseitig einreiben mit Creme oder Ölen, die nach verschiedenen Kräutern duften.

Mit den Händen sehen

Greifen wir nochmals das Bild vom Körper als «Haus» auf. Damit sich das Kind in seinem Haus wohl fühlen kann, muss es sich darin auskennen. Es muss dieses Haus bis in alle Winkel erforschen – vom Fundament bis zum Dachstock alle Stockwerke kennenlernen. Bei dieser Erforschung wird es erfahren, was seinem Körper gefällt und was ihm allenfalls unangenehm ist, nicht gut tut: Das Kind lernt seine Bedürfnisse kennen.

Dieser Prozess beginnt in der Kindheit und wird ein ganzes Leben dauern, weil sich der Körper entwickelt und verändert, weil sich unsere Bedürfnisse verändern. Wir müssen immer wieder von neuem herausfinden, was unser Körper will und was er braucht.

Im Kapitel «Die Welt erschmecken» haben wir davon gesprochen, dass sich das Baby die Umwelt «erschmeckt»; um die Welt seines Körpers in den **«Griff»** zu bekommen, muss es nach ihr **greifen.** Bei der Erf**ass**ung seiner Umwelt sind alle Sinne beteiligt, aber in besonderem Masse

der Tastsinn. Das Baby ist, wie Marie Meierhofer es ausdrückt, in den ersten Lebensmonaten ein «Fühlwesen». Mit der Haut erfühlt es sich seine Umgebung: Alles, was ihm über den Weg läuft, wird mit den Händen gegriffen, wird betastet und dann in den Mund gesteckt. Die Zunge und die empfindliche Schleimhaut nehmen eine weitere Untersuchung vor und entscheiden, ob etwas essbar oder ungeniessbar ist.

Das Wort **Hand** bedeutete ursprünglich **Greiferin.** Um etwas zu be**greifen,** müssen wir danach **greifen,** es in die Hand nehmen, es anfassen. Was wir über die Hände erfassen, bleibt eindrücklich im Gedächtnis haften.

Das Kind ertastet sich mit seinen Händen das erste Bild von seinem Körper, es sieht sich sozusagen mit seinen Händen. Wenn es nun dabei die freudige Entdeckung macht, dass auch die Berührung der Geschlechtsteile angenehm ist, so stellt das manche Erwachsene vor Probleme. Ist es nicht im Grunde genommen widersinnig: Gerade weil diese Tätigkeit für das Kind schön und lustvoll ist, wird sie zum Problem und löst in manchen Erwachsenen Gefühle wie

Ablehnung, Ängste, Befürchtungen oder auch belastende Erinnerungen an die eigene Kinderzeit aus.

Erst im Lauf der letzten Jahrzehnte hat sich die Ansicht durchgesetzt, dass die Berührung der Geschlechtsteile und die Masturbation Formen von sexuellem Ausdruck sind, die ihre Berechtigung haben. Viele Fachleute weisen darauf hin, dass es wichtig ist, die eigenen körperlichen Reaktionen kennenzulernen, mit seinem Körper und seinen sexuellen Empfindungen vertraut zu werden, damit man seine Wünsche und Bedürfnisse dann in einer Partnerbeziehung besser mitteilen kann. Von allen körperlichen Bedürfnissen des Kindes ist dies aber für manche Erwachsenen am schwierigsten zu akzeptieren: **Das Kind ist ein sexuelles Wesen. Es will seine Sexualität ausdrücken.**

In seinen ersten Lebenswochen ist das Kind «Hautwesen». Die ganze Hautoberfläche des Kindes reagiert auf Berührungen. Die Säuglinge geniessen es, gestreichelt, gekitzelt und liebkost zu werden, und zeigen dies unmissverständlich mit ihrem Lachen und Strahlen.

«Eine Mutter hat ihr Töchterchen gebadet. Nun liegt es da, wird abgetrocknet und eingecremt. Die Kleine lacht und kräht vor Vergnügen. Die Mutter zupft es an der Nase, tupft die Ohren trocken, schmatzt ein Küsschen auf Mund und Brust, legt ihre Lippen auf den Nabel . . . Dabei spricht sie dauernd mit dem Kind: „Da hast du einen süssen Schmatz verdient . . . und da kitzelt es . . . und jetzt haben wir das Bäuchlein trocken geblasen . . . so, das Popöchen cremen wir besonders gut ein, damit nichts wund wird . . . sieh mal, wie stramme Beinchen du hast. So, da sind wir fertig." Selbstverständlich hat die Mutter auch die Geschlechtsspalte eingecremt – aber das geschah ohne Scherzen, sehr sachlich, und die Mutter schwieg einen Augenblick.» (Nach Kentler)

Für das Kind ist es unverständlich, dass zwar sein ganzes Körperchen von der Mutter gehätschelt und mit Kosenamen versehen wird; aber eine Stelle, an der es auch gern berührt wird, diese Stelle hat keinen Namen. Anscheinend dürfte es die nicht geben.

Der Körper ist das erste Spielzeug. Das Kind spielt mit den Fingern, mit den Zehen und dehnt mit zunehmender Geschicklichkeit die Erkundungsstreifzüge auf den ganzen Körper aus. Dabei entdeckt es auch seine Genitalien und probiert aus, was sich alles damit anstellen lässt. Für den Säugling haben die Geschlechtsteile noch keine grössere Bedeutung als die anderen Körperzonen, als der Mund, der Daumen, das Ohrläppchen oder der Bauchnabel. Erst die Reaktionen der Eltern oder Pflegepersonen geben ihm den Eindruck, dass diese Körperzonen irgendwie bedeutsamer sind als die andern.
Ein Beispiel: Benno liegt in seinem Bettchen und spielt mit seinen Fingerchen. Die Mutter sitzt nebendran und ist entzückt, wie geschickt er schon greifen kann. Benno erwischt die grosse Zehe, steckt sie in den Mund und gluckst und lacht vor sich hin. Er verliert die Zehe und kriegt dafür seinen Zipfel zu fassen. Über das Gesicht der Mutter huscht ein Schatten, und schnell gibt sie den neugierigen Händchen ein niedliches Plüschtierchen zu fassen.

Wiederholt sich dieses Ablenkungsmanöver immer dann, wenn es um die Geschlechtsteile geht, so wird Benno diese Lektion bald verstanden haben, da Kinder ja für die Körpersprache ihrer Eltern ausserordentlich empfänglich sind. Es wird sich ihm einprägen, dass die Mutter zwar stolz ist auf seine Fortschritte beim Greifenlernen, dass aber bestimmte Körperteile nicht **begriffen** werden sollen.

Der Erfolg dieses Verhaltens ist, dass das Kind seiner Neugier nicht mehr freien Lauf lassen wird und dass es vielleicht erst sehr viel später – häufig durch andere Kinder – darauf kommen wird, sich selber Lust zu bereiten.

Wie er dies als zwölfjähriger Junge erlebte, schilderte mir ein Vater: «In der Nähe unserer Wohnung hatte es einen Park, in dem ich immer mit meinen Freunden spielte. Eines Tages zogen sie mich ganz aufgeregt hinter einige Büsche und sagten: „Schau einmal, wie toll! Damit kann man schiessen!" Ich fragte ganz verdutzt: „Schiessen? Womit?" Die anderen Kinder zeigten mir nun, wie sie ihren Penis reizten, wobei sie einen Wettkampf austrugen, wer am weitesten schiessen könne. Ich war sehr beeindruckt und musste dies zuhause (natürlich versteckt) sogleich ausprobieren, um zu sehen, ob das bei mir auch so funktioniere, was zu meiner Beruhigung der Fall war.»

Wenn das Kind Spielzeuge in den Mund steckt, wenn es sein Ohr an Uhren oder an ein Radio legt, wenn es Bilder anschaut, wenn es mit Lehm und Sand matscht, dann tut es genau das gleiche, wie wenn es mit seinen Geschlechtsteilen spielt: Es **lernt.** Je mehr Spass diese Lernprozesse machen, desto mehr will sie das Kind wiederholen (und übt dabei Fertigkeiten ein). Je lustvoller dieses Lernen ist, um so grössere Lust am Lernen entwickelt das Kind.

Das Kind **lernt aus Lust.** Berühren und Berührtwerden sind sinnliche, lustvolle Erlebnisse. Wird das Kind immer dann seiner Lusterlebnisse beraubt, sobald es irgendwie «sexuell» wird, so wirkt sich das auf sein ganzes Neugierverhalten, auf seine Forschertätigkeit aus. (In anderen Bereichen ist dieser Forschungsdrang gern gesehen. Alle Lehrer würden es schätzen, wenn sich die Kinder voller Lerneifer und Wissensdrang auf den Schulstoff stürzen würden!) Die Lust und das Verlangen nach lustvollen Erlebnissen sind der Motor des Lernens. Wird dieser Motor aber im Bereich der Sexualität, dieser zentralen Lebensenergie, gebremst oder abgestellt, so wird das Kind in seiner ganzen Persönlichkeit davon betroffen.

Untersuchungen des Sexualforschers Borneman haben erwiesen, dass Kinder, die sich bei der Masturbation besonders geschickt gezeigt haben, auch alle anderen motorischen Fähigkeiten früher und besser entwickelten. Eltern, die beobachten, dass ihr Kind lustvoll seine Geschlechtsteile entdeckt, dürfen sich darüber genauso freuen, wie über das erste Lächeln oder die ersten Sitzversuche, denn es ist für sie ein Hinweis, dass sich ihr Kind geistig und körperlich, seelisch und sexuell gesund entwickelt. Und schliesslich dürfen sie sich darüber freuen, dass ihre Kinder sich selber Freude bereiten können.

Ein Vater erzählt: «Meine fünfjährige Tochter hat seit einiger Zeit die abendliche Waschprozedur erweitert. Sie setzt sich mit gespreizten Beinen auf den Boden und schaut genau nach, ob noch irgendetwas, irgendwelche Fäden der Kleider in der Scheide hängen geblieben seien. Mit viel Geduld (und offensichtlich mit sehr viel Vergnügen) zieht und züpfelt sie ganz gewissenhaft an ihrem Schlitzli herum.»

Die Privatsphäre des Kindes

Haben Erwachsene Mühe zu akzeptieren, dass sich ihr Kind lustvoll selber streichelt, so sollten sie es über ihre Gefühle ins Bild setzen. Sie werden ihm vielleicht erklären: «Wenn du gerne mit deinem Schwänzchen oder deinem Schlitzli spielst, so habe ich nichts dagegen. Aber ich habe ein unangenehmes Gefühl, wenn ich dir dabei zuschauen muss, das stört mich einfach. Mach es lieber an einem Ort, wo du ganz für dich sein kannst.»

Mit der Zeit wird das Kind lernen, dass es auch in einer Familie eine Privatsphäre gibt, und es wird verstehen, dass auch die Eltern in gewissen Momenten das Bedürfnis nach einem Privatbereich haben.

Masturbation kann unter gewissen Umständen aber auch ein Signal sein, eine Mitteilung in Körpersprache, nämlich dann, wenn sie auffallend häufig oder öffentlich ausgeübt wird.

Eine Kindergärtnerin stand vor folgender Situation: «In meiner Spielgruppe verunsicherte mich die dreijährige Susann. Eines Tages, und

von da an beinahe täglich, legte sie sich einfach mitten auf den Tisch, um den ich mit allen Kindern sass, und masturbierte. An und für sich hatte ich nichts dagegen, dass sie sich berührte, und so versuchte ich, die anderen Kinder abzulenken, und ging darüber hinweg, als ob nichts wäre.»

Wahrscheinlich wollte das Kind aber mit seinem Verhalten ausdrücken, dass wirklich etwas **ist.** Seine Signale könnten bedeuten: «Niemand kümmert sich um mich. Wenn niemand Zeit hat für mich, dann helfe ich mir eben selber.» Vielleicht müsste sich die Kindergärtnerin mit der Mutter zusammen Zeit nehmen, den Hintergründen dieses Verhaltens nachzuspüren.

Es ist schön, durch eine liebevolle Umarmung getröstet zu werden. Aber in manchen Situationen ist niemand da, der dem Kind Trost spendet. Selbsttrost ist dann häufig für das Kind eine Möglichkeit, mit einer schwierigen Situation (Trennung von einem Elternteil, Geburt eines Brüderchens, Veränderung der vertrauten Umgebung) fertig zu werden. Ob es am Daumen oder am Arm saugt, ob es das Gesicht im Fell der Katze oder des Teddybären vergräbt, ob es mit dem Finger Haarsträhnen dreht oder ob es seine Geschlechtsteile streichelt, im Grunde sucht es die tröstende Wirkung von Berührung. Oder wie ein Mädchen sagte: «Wenn alles ganz schief geht, dann habe ich wenigstens noch mich selber!»

Ein Elternpaar: «Wegen eines Stellenwechsels mussten wir ins Ausland ziehen. Für unseren vierjährigen Sohn bedeutete dies eine Umstellung der ganzen Lebensweise: Er hatte keine Freunde mehr, die Umgebung und die Sprache waren fremd, sogar das Essen ungewohnt. In dieser Zeit stellten wir fest, dass sich der Junge sehr viel häufiger als vorher berührte und streichelte. Nachdem aber die Anpassungsschwierigkeiten überwunden waren und er neue Kontakte gefunden und sich eingelebt hatte, fand er wieder zu seiner gewohnten Verhaltensweise zurück.»

«Heile, heile, säage . . .»

Je genauer ein Kind seinen Körper kennt, um so genauer lernt es seine Gefühle und Empfindungen kennen. Dabei geht es nicht nur um die angenehme Erfahrung von Lust – auch der Schmerz gehört zur Lebenswirklichkeit des Kindes. Die «Schmerzempfindung ist sozusagen eine Sehergabe des Körpers, damit nimmt er wahr und sieht er». (Scholz/Schubert)

Der Schmerz wacht über die Gesundheit und ist als ein Signal zu verstehen, dass das Gleichgewicht zwischen Leib und Seele gestört ist; er ist, wie Freud sagte, der Hüter des Lebens. Dieses Notsignal könnte heissen: «Halt, ich tu dir weh! Denn bei mir stimmt etwas nicht. Ich brauche Ruhe, Pflege, andere Nahrung . . . Du musst dich um mich, deinen Körper, kümmern!»

Der Schmerz zwingt uns, unser Verhalten (wenigstens vorübergehend) zu verändern, da er erst verschwindet, wenn der Körper eine wohltuende, heilende Behandlung erfahren hat. Mit den Medikamenten, die uns aber heutzutage zur Verfügung stehen, kann der Körper «überlistet» und durch blosse Symptombekämpfung innert kurzer Zeit wieder hergestellt werden. Diese Täuschung wird sich rächen. Die Selbstheilungskräfte des Körpers können auf diese Weise nicht zum Zug kommen. Je weniger Vertrauen in diese Fähigkeit des Körpers gesetzt wird, desto mehr wird sie verkümmern.

Sehr oft werden Kinder nicht ernst genommen, wenn ihnen etwas weh tut. Immer wieder lassen sich Szenen ähnlicher Art beobachten: Ein Kind spielt, rennt und fällt hin. Es beginnt zu weinen und sucht Trost bei einem Erwachsenen. Dieser nimmt das Kind in die Arme und sagt: «Das tuet ja gar nöd weh. Das isch ja nöd so schlimm!» Sicher ist dies gut gemeint. Aber dem Kind tut in diesem Moment tatsächlich das Knie weh. Es hat völlig richtig einen Schmerz wahrgenommen und sollte in dieser Empfindung nicht verunsichert werden. Echter Trost hiesse, das Kind in die Arme zu nehmen und zu ihm zu sagen: «Oh ja, das tut sicher weh. Mir ist das auch schon passiert, ich weiss sehr gut, wie schmerzhaft das ist.» Das Kind fühlt sich dann in seinem Schmerz – und das gilt genauso für seelische Schmerzen – ernst genommen, es darf traurig sein und kann auf diese Weise das Geschehen verarbeiten und überwinden.

Heile, heile, säage.
D Chatz sitzt uf dä Stääge,
und wänns Müüsli füre chunnt,
isch mis Chindli wider gsund.

Heile, heile, säage.
Drüü Tag Rääge,
drüü Tag Schnee,
dänn tuets am Schätzeli nüme weh.

Das Kind anschliessend zu streicheln, ihm auf die schmerzende Stelle zu blasen und ein «magisches» Sprüchlein aufzusagen, verfehlt selten seine Heilwirkung. Wie oft kommt ein Kind zu uns, mit einem winzig kleinen Kratzer, der «fuuurchtbar» weh tut, und möchte nichts anderes als unsere Zuwendung und ein Trostpflästerchen!

Kinderkrankheiten haben ihren Sinn in der Entwicklung des Kindes. Es ist, als ob der Körper eine Pause machen wolle, als ob er für eine Weile warten wolle mit Wachsen und Älterwerden. Dem kranken Kind bietet sich für einmal wieder die Gelegenheit, klein und unselbständig – wie ein Baby – zu sein und sich von der besonders intensiven Zuwendung und Pflege der Erwachsenen verwöhnen zu lassen. Meist ist nach der Genesung eine Phase von Ausgeglichenheit und harmonischer Entwicklung zu beobachten.

Manche Eltern können sich aber vor allem aus beruflichen Gründen nicht genügend Zeit nehmen, um das Kind intensiv zu pflegen. Dem Körper kann die Ruhepause, die je nach Krankheit bis zu einigen Wochen dauern würde, nicht gegönnt werden. Bei Schulkindern kommt häufig noch die Sorge dazu, dass der verpasste Stoff nicht mehr nachgeholt werden könne. Und so werden schon bei Kindern zum Teil starke Medikamente eingesetzt, die zwar dafür sorgen, dass der Körper schnell wieder reibungslos funktioniert, aber ihm keine Gelegenheit geben, eigene Kräfte zu entwickeln, um das gestörte Gleichgewicht wieder herzustellen.

Viele Kinderärzte (leider nicht alle) sind heute zurückhaltend beim Verschreiben von starken Medikamenten. Sie sind der Ansicht, dass es für das Kind sinnvoll ist, die Krankheit – auch wenn dies mit Unannehmlichkeiten verbunden ist – **durchzustehen** und **durchzuleben.** Dies wird dem Kind um so leichter fallen, je mehr die Eltern mit ihrer Unterstützung und Zuwendung die Krankheit tragen helfen.

Ja zu Lust und Neugier

Nacktsein ist reizvoll

Ein Haus hat ein Äusseres, eine «Fassade». Jede Fassade ist wieder anders. Es ist interessant, verschiedene Fassaden anzuschauen und zu vergleichen. Unsere eigentliche Fassade ist die Haut – nackte Haut.

Kinder geniessen im allgemeinen das Nacktsein. Die Kleinen finden es herrlich, ohne das lästige Windelpaket herumzuliegen oder herumzuflitzen, und die Grösseren vergnügen sich stundenlang mit Plansch- und Spritzspielen im Wasser. Dabei spielt nicht nur das Freiheitsgefühl eine wichtige Rolle, sondern auch die Gelegenheit, auf diese Weise seinen Körper zeigen und andere anschauen zu können.

In jedem Kind (und Erwachsenen) steckt auch ein harmloses Stück eines «Voyeurs». Das Betrachten eines nackten Körpers ist etwas sehr Erfreuliches. Uns allen ist die Lust eigen, sehen und gesehen zu werden. Kinder haben Spass daran, nackt herumzustolzieren oder zu posieren, sich vor dem Spiegel zu betrachten und dabei Faxen zu schneiden.

«Damals als Kind war das Betrachten des Körpers ein Abenteuer, wie es uns Erwachsenen später nur noch die Verliebtheit beschert. Da war alles noch möglich, da gab es nichts, was nicht eine Entdeckung wert gewesen wäre, da gab es noch das Sich-Wundern über das Bleiche, Wächserne, Braune, Fleckige, die Neugier auf das rosa Faltige, Lippige, das Staunen über das Baumelnde, Schlenkernde, Biselige, das Verweilen bei einem Leberfleck, das Herumrätseln an einem Nabel, das Auseinanderklaffen von einem Loch, das Experimentieren, wie weit da ein kleiner Stecken hineinpasst, und die philosophische Frage, warum gerade an dieser Stelle des Körpers ein Loch sein muss.» (Schmeer)

Es ist sicher von grossem Vorteil für die Entwicklung des Kindes, wenn es seine Eltern und Geschwister nackt sieht und auf diese Weise mit dem Anblick der Geschlechtsteile von Kindern und Erwachsenen vertraut wird. Dieser natürliche «Anschauungsunterricht» ist besser als alle Erklärungen und Umschreibungen. Das Miterleben, wie sich die Eltern nackt «wohl in ihrer Haut» fühlen, erleichtert dem Kind, ein unbelastetes Verhältnis zu seinem eigenen Körper zu bekommen.

Nehmen wir einmal an, dass Sie Ihrem Kind die Freiheit zugestehen, sein «Haus», seinen Körper, zu entdecken. Früher oder später werden Sie erfahren, dass der kleine Forscher sein Tätigkeitsfeld ausdehnen will. Was ist natürlicher, als dass er sich für all die andern «Häuser», mit denen er tagtäglich in Berührung kommt, interessiert? Aus dem engen Kontakt, der durch das Stillen entsteht, wendet sich das Kind vor allem dem mütterlichen Körper zu.

Könnte ein Säugling sprechen, würde er seine Entdeckungsreise vielleicht so beschreiben: «Ich studiere dich mit der Unverfrorenheit des bald einjährigen Forschers. Meine Neugier ist unersättlich, und du lässt meiner Entdeckungsfreude freien Lauf. Wir sind erfinderisch zusammen in der Freude übereinander. Ich erklettere dich von allen Seiten und komme keuchend oben an, purzle seitwärts herunter, stürze in Schluchten, die sich zwischen deinen Armen und deinem Körper bilden, und in die Schlucht zwischen deinen Beinen, die du so oft variierst: Ich kann hindurchkrabbeln auf allen vieren, oder ich kann mit dem Gesicht hineinversinken, mich verstecken, mich an deinem Geruch berauschen oder mich wonnig gruseln, wenn du mit den Schenkeln einen warmen Schraubstock bildest, dem ich mich stöhnend oder lachend entwinde.» (Moser)

Wenn die Kinder in der Familie nicht schon von klein auf damit vertraut gemacht worden sind, dass es zwei grundlegend verschiedene «Haustypen», zwei Geschlechter, gibt, werden sie dies spätestens beim Spielen mit anderen Kindern entdecken.

Ist es Ihnen noch in Erinnerung, wie Sie selber auf diese Entdeckung reagiert haben?

Zu wissen, dass es Jungen und Mädchen gibt, ist eine Sache. Aber mit den eigenen Augen zu sehen und mit den Händen zu begreifen, dass Jungen und Mädchen verschieden sind, dass beide etwas haben, das nur sie haben, kann beim Kind verschiedenste Reaktionen auslösen: sicher Neugier, Interesse, vielleicht auch Angst. Kinder basteln sich sehr merkwürdige Theorien, wenn ihnen von den Eltern Klarheit vorenthalten wird. Der Junge kann unter Umständen befürchten, dass ihm, wenn er nicht brav ist, der Penis abgeschnitten werde, genauso wie es ja offensichtlich dem Nachbarsmädchen ergangen ist. Das Mädchen fragt sich vielleicht, wann ihm auch endlich so ein Schwänzchen wachsen werde, ob das vielleicht verlorengegangen sei oder ob es nicht genügend brav sei, um auch so etwas zu bekommen. Auch Neid kann sich einstellen: beim Jungen darauf, dass die Mutter Kinder gebären und an der Brust nähren kann, beim Mädchen, dass die Mutter dort etwas hat, wo bei ihm noch alles flach ist.

Viele Eltern sind gerne nackt – auch in Anwesenheit ihrer Kinder. Es wäre für sie geradezu absurd, ausgerechnet vor ihren Sprösslingen, die aus dem körperlichsten Akt entstanden sind, ihren Körper zu verhüllen. Sehen die Kinder den Vater oder die Mutter nackt, so interessieren sie sich selbstverständlich für den auffallenden Umstand, dass sie so grundverschieden aussehen. Würde dieses Interesse ausbleiben, so müsste man an der Wahrnehmungsfähigkeit des Kindes zweifeln.

Manchmal reagieren Eltern entsetzt, wenn Kinder diese interessante Verschiedenheit be**greifen** wollen, indem sie, was so schwierig sich vorzustellen ist, **fass**bar machen wollen. Was «Tökterle» genannt wird oder was die Wissenschaft als kindliche Sexualforschung bezeichnet, ist ein Schritt auf der Suche nach der eigenen Identität. Es handelt sich bei diesen sexuellen Spielereien jedoch nicht um irgendwelche Ersatzformen von Koitus, wie manche Erwachsenen befürchten, sondern um Versuche, die eigene Identität zu finden. Das Kind muss sich über seine sexuelle Identität klar werden, «und die lässt sich nur finden, indem man den eigenen Körper von dem eines anderen abgrenzt. Ehe man sich von ihm abgrenzen kann, muss man ihn kennenlernen: „Ich bin anders als du, also bin ich ich".» (Borneman)

Es bleibt dem Kind nicht verborgen, wenn die Eltern die Spiele zwar tolerieren, im Innersten sie aber doch ablehnen und zumindest versuchen, davon abzulenken. Wieder wird das Kind die wortlose Botschaft verstehen, dass das alles eigentlich nicht erwünscht ist.

Ein 17jähriger Junge erinnert sich: «Ich habe schon immer meine sexuellen Gefühle zum Ausdruck gebracht, auch, als ich noch ganz klein war. Im Kindergarten bin ich mit anderen Kindern, egal ob Junge oder Mädchen, auf dem Boden herumgerollt, wir haben uns überall angefasst und uns nackt ausgezogen. Das war nichts Dramatisches, wir hatten einfach Spass dabei. Es war natürlich ein tolles Gefühl. Meine Mutter war jedoch überhaupt nicht begeistert darüber. Immer wieder fragte sie mich, warum ich nicht draussen spielen wollte oder mit meinem Fahrrad fahren oder so was. Sie wurde nicht wütend, aber sie gab mir zu verstehen, dass sie das nicht gut fand, was ich da machte.» (Bell)

Vom Mut, ja oder nein zu sagen

Unter Umständen wird ein Gespräch darüber nötig sein, dass das Kind immer auf das Einverständnis seiner Spielpartner zu achten hat. Wie in allen anderen Spielsituationen darf es sein «Gschpäänli» nicht zu etwas anhalten oder drängen, das es nicht will. Ob nun Sexuelles mit hineinspielt oder nicht, die **Spielregeln des Zusammenlebens bleiben die gleichen.** So lernt bereits das Kind, den Willen und die Bereitschaft seiner Partner ernst zu nehmen und nicht etwa rücksichtslos seine Bedürfnisse durchsetzen zu wollen. Ein Vater hörte folgende Unterhaltung zwischen seiner vierjährigen Tochter und seinem dreijährigen Sohn mit an: «Darf ich einmal dein Schwänzchen halten?» fragte die Kleine. Der Bruder gab sein Einverständnis, und sie versprach ihm dafür: «Morgen darfst du dann mein Schlitzli anfassen!» Der Vater fragte einige Tage später, ob der Bruder nun wirklich Gelegenheit gehabt habe, einmal hinzufassen. Sie: «Ja, zweimal!»

Es geht um das Recht des Kindes, ja oder nein zu sagen. Manchmal wird das Kind aber auch die Unterstützung und die Rückendeckung der Mutter oder des Vaters brauchen, um den Mut zu haben, sich tatsächlich durchzusetzen. Eine Mutter erlebte, dass ihre fünfjährige Tochter zu ihr kam und erzählte, sie sei mit dem Nachbarsknaben hinter dem Schopf gewesen, und sie hätten einander das «Füdli» gezeigt. Jetzt wolle er das immer wieder machen, und sie habe eigentlich keine Lust mehr. Überhaupt wolle sie gar nicht mehr mit ihm spielen, sie fände ihn blöd. Jetzt habe sie Angst vor ihm, weil er sie immer wieder hinter den Schopf ziehen wolle. Das Mädchen hatte seine Bedürfnisse klar erkannt, brauchte aber die Hilfe der Mutter, um sich gegen die Ansprüche des Nachbarkindes abzugrenzen. Die Mutter freute sich über diesen Vertrauensbeweis. Er zeigte ihr, dass sie sich auch in späteren Jahren auf den gesunden «Riecher» ihrer Tochter verlassen können wird.

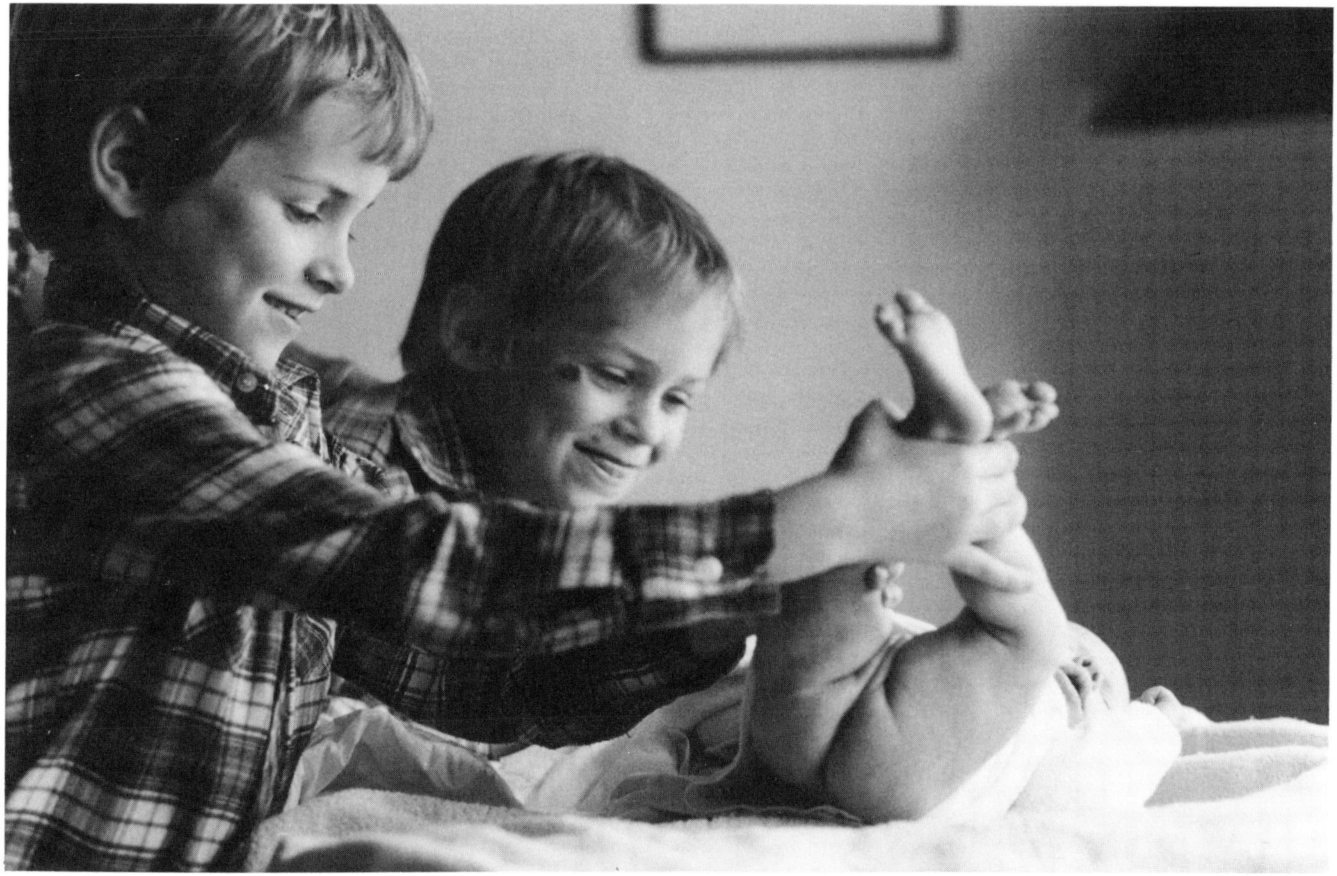

Hemmungen

Nun ist es allerdings nicht für jedermann eine Selbstverständlichkeit, splitternackt in der Wohnung herumzuspazieren. Manche Eltern haben Hemmungen oder fühlen sich unbehaglich ohne Kleider vor ihren Kindern. Sie spüren Widerstände, wenn die Kinder allzu genaue «Inspektionen» vornehmen wollen. Ich denke an jenen Grossvater, der mir erzählte: «Ich habe fünf Kinder grossgezogen und bin jetzt mit vielen Enkeln gesegnet. Thomas ist besonders aufgeweckt. Letzthin hat er meine Frau gefragt: ,,Du Grossmami, hast du auch eine Scheide?'' Sie hat ihm geantwortet: ,,Ja natürlich, wie alle anderen Frauen auch.'' Darauf fragte er: ,,Darf ich sie mal ansehen?'' Meine Frau war einigermassen verlegen und sagte ihm: ,,Weisst du, das schaut man nicht an!'' Wir haben uns nachher gefragt, welche Reaktion wohl richtig gewesen wäre.» Die Grossmutter in diesem Beispiel hat gespürt, dass ihr die Forderung des kleinen Enkels zu weit ging, und sie hat klare Grenzen gesetzt. Es bringt nichts, sich zu einem freizügigeren Verhalten zwingen zu wollen, das dem eigenen Empfinden widerspricht. Kinder spüren sehr genau, ob sich die Erwachsenen in ihrer Nacktheit echt wohlfühlen oder ob dieses Verhalten nur aufgesetzt ist.

Schade ist allerdings, dass die Grossmutter dem Enkel nicht ihren persönlichen Standpunkt klargemacht hat. Es ist bequem, sich in Momenten, in denen Stellung bezogen werden sollte, hinter dem unpersönlichen **«man»** zu verschanzen. Man tut das nicht, man sagt das nicht . . . Wer ist denn «man»? Die Aussage «man schaut das nicht an» stimmt objektiv nicht. Es gibt ja auch Leute, denen es Spass macht zu schauen.

Um Missverständnissen vorzubeugen: Nacktheit im Familienalltag ist sicher geeignet, Kinder auf natürliche Weise mit dem Körper vertraut zu machen. Nur darf sie nicht erzwungen werden. Es wäre aber sehr schön, wenn diejenigen Eltern, denen Nacktheit Unbehagen verursacht, sie ihrem Kind trotzdem zugestehen könnten, zum Beispiel mit den Worten: «Schau, mir macht es keine Freude, nackt zu sein. **Ich** fühle mich nicht wohl. Aber wenn **du** gerne nackt bist oder mit deinen Kameraden im Garten nackt spielen und baden möchtest, so darfst du das.»

So gerne Kinder auch ihr Vergnügen am Nacktsein ausleben, eine wesentliche Einschränkung muss doch angebracht werden: Nicht nur die Erwachsenen, auch die Kinder können Hemmungen entwickeln, sei es in bestimmten Situationen, sei es während gewisser Entwicklungsphasen. Die Erfahrung einer Mutter: «Unsere fünfjährige Tochter hat im Moment eine äusserst prüde Phase. Sie will sich nicht nackt fotografieren lassen; denn dann sehe man ja ihre Scheide.» Im Laufe der Entwicklung verändert sich die Beziehung des Kindes zum Körper. So muss es Eltern nicht erstaunen, wenn Kinder plötzlich am Strand nicht mehr nackt baden wollen oder im Badezimmer lieber allein sind. Ein Vater erzählte mir, dass seine Kinder durchaus nicht damit einverstanden waren, dass sie sich an einem Nacktbadestrand vor anderen Leuten zeigten, obwohl sie es gewohnt waren, die Eltern zuhause nackt zu sehen. Der Vater erklärte ihnen, dass **er** es schön finde, in der Sonne zu «blütteln», dass **sie** aber tun und lassen könnten, was sie wollten, worauf die Kinder denn auch in der ganzen Zeit ihre Badehosen nie auszogen.

Kommt ein Kind in die Pubertät, so stellen die Eltern sehr oft fest, dass es beginnt, sich im Badezimmer einzuschliessen, auch wenn es in dieser Beziehung bis anhin ganz unbekümmert war. Dieses Bedürfnis nach Intimsphäre ist absolut zu respektieren! Die entwicklungsbedingten, körperlichen Vorgänge **bringen Leib und Seele nachhaltig aus dem Gleichgewicht** und verunsichern viele Kinder zutiefst. In dieser Zeit haben sie Mühe, ihren Körper zu akzeptieren, und brauchen einen «Schonraum». Meist ändert sich dieses Bedürfnis nach Zurückgezogenheit wieder mit dem Ende der Pubertät.

Andere denken anders

Sie mögen damit einverstanden sein, dass sich Kinder in ihrer nackten Haut wohl fühlen – **andere Leute** sind dies unter Umständen gar nicht. Ein Elternpaar machte in den Ferien folgende Erfahrung: «Wir liessen auf dem Zeltplatz unsere beiden Kinder (zwei und drei Jahre), wann immer sie wollten, nackt herumrennen. Thomas wollte mit dem Kind vom Zelt nebenan spielen. Als er es zum Spielen abholte, sagte ihm der Vater, er solle gefälligst zuerst seine Hosen anziehen, dann dürfe er wieder kommen!»

Überall, wo Sie den Freiraum der Privatsphäre verlassen, werden Sie und Ihre Kinder damit konfrontiert, dass andere Leute (und dies vor allem im körperlichen und sexuellen Bereich) andere Einstellungen haben. Spätestens, wenn sie in den Kindergarten oder in die Schule eintreten, machen Ihre Kinder die Erfahrung: Es gibt nicht nur die eine – ihnen aus dem Familienleben vertraute – Verhaltensweise, sondern verschiedenste Ansichten und Praktiken. Sie kommen in Kindergarten und Schule mit vielen anderen Kindern zusammen. Sie erleben, wie sich andere mit ihrem Körper ausdrücken; erleben auch den Vergleich. Und es handelt sich sicher um die eher aufregenden Momente im Schulalltag, wenn durch die Zwischenräume bei den Toiletten andere Kinder beim Pinkeln beobachtet, wenn heimlich Zettelchen mit Kritzeleien oder «unanständige» Verse ausgetauscht werden können.

Die Schule bietet den Kindern leider wenig Gelegenheit, über Sexualität zu reden – auszusprechen, was sie beschäftigt; zu verarbeiten, was sich in der Kindergruppe abspielt. Viele Lehrer machen aber die Erfahrung, dass unter den Kindern eine viel entspanntere Stimmung entsteht, wenn Sexualität als Thema nicht aus der Schule verbannt wird.

Eine Lehrerin: «Ich finde es vor allem schade, dass die Kinder dann, wenn sie eine Art An**schau**ungsunterricht hätten, wie andere Kinderkörper aussehen, sich in nach Mädchen und Knaben getrennten Garderoben umziehen müssen. Für viele Kinder, die nicht im Kreis anderer Geschwister aufwachsen, wäre dies eine schöne Gelegenheit, einige Male pro Woche andere Kinder nackt zu sehen. Nach dem Turnunterricht könnten die Kinder gemeinsam duschen; so würden sie dann auch nicht mehr die Türen der Garderoben aufreissen müssen, um einen Blick auf ein nacktes Kind zu erhaschen. Wenn die Kinder dann in der Pubertät die spielerische Unbekümmertheit zum eigenen Körper verlieren, so ist es immer noch früh genug, mit getrennten Garderoben dem Wunsch nach Privatsphäre zu entsprechen.»

Für die Auseinandersetzung mit den Normvorstellungen anderer Leute, seien es Nachbarn, Lehrer, Freunde oder Verwandte, gibt es keine Patentrezepte. Sie werden je nach Situation abwägen müssen, wie weit Sie Ihren Ideen treu bleiben können und wie weit Sie sich den Personen und Umständen anpassen müssen. «Fünf Kinder (im Alter zwischen vier und elf

Jahren) spielen im sommerlichen Garten. Ein Rasensprenger schwenkt unten im Gras hin und her und sendet schwankende Wasserstrahlen in die Höhe. Ursula hat eine Idee. Sie nimmt einen Gartenstuhl und stellt ihn genau über den Rasensprenger, dessen Wasserfontänen nun von unten durch die Zwischenräume der Stuhlbretter hindurchspritzen. Ursula zieht die Hose runter, setzt sich nackt auf den Stuhl, lässt sich von unten anspritzen und sagt zu den anderen: „Ah! probiert auch mal!" Die Mutter sieht vom Fenster zu und macht sich Gedanken. Soll sie eingreifen? Wer weiss, was sich die anderen Eltern denken, wenn die Kinder zu Hause von dem neuen Spiel erzählen?» (Schmeer) Kann die Mutter das reizvolle Spiel gutheissen, stimmt es für **ihr** Gefühl, so sollte sie es auch gegenüber den anderen Eltern vertreten können. Fühlt sie sich aber selber unbehaglich dabei, so muss sie eingreifen. Allerdings nicht mit der Begründung, dass die **anderen** dagegen seien. Sie sollte klar darstellen, dass **sie** dagegen sei oder dass es **für sie ein Problem** sei, was andere denken könnten.

In einem Punkt sollten Sie Ihrem Kind helfen: Bereiten Sie das Kind darauf vor, dass die Massstäbe, die Verhaltensweisen und alltäglichen Gewohnheiten, die sich im Familienleben eingespielt haben, bei anderen Familien unter Umständen nicht gelten, ja sogar auf Ablehnung stossen könnten. Hören Sie ihm zu, wenn es von den Erfahrungen erzählt, die es beim Übernachten oder in den Ferien bei Freunden und Verwandten gemacht hat. Diskutieren Sie mit ihm über die verschiedenen Sitten, und fragen Sie es nach seiner Meinung zur von Ihnen ausgeübten Praxis!

Von der Schwierigkeit, die passenden Worte zu finden

Die Arbeit an dieser Schrift stellte mich immer wieder vor ein Problem, das viele Eltern ebenfalls beschäftigt: Ich beschreibe die Streichelspiele und rede davon, dass man den **ganzen** Körper einbeziehen müsse. Ich schreibe: «Heugümperli, grüens Schtümperli, gäll gumpsch mer nöd . . . ufs Bei! . . . ufs Ohr! . . .uf . . .» Ja, und jetzt, was sage ich nun? «Ufs Schlitzli» oder «ufs Schnäbeli», «uf dä Penis» oder «uf d Scheide . . ?» Welche Wörter kann ich brauchen, wenn ich von den Geschlechtsteilen (auch so ein unmögliches Wort, aber immer noch besser als «Genitalien») reden will? Gewisse Ausdrücke sind medizinisch-wissenschaftlich (Penis, Vagina, Klitoris), andere sind eher Umschreibungen oder Verniedlichungen (Pfiiffeli, Weggli, Schnäggli, Zipfeli . . .) und wieder andere gefallen mir persönlich nicht, empfinde ich als grob und abstossend (Seckel, Futz . . .*).

Kurz, wir haben Mühe, die passenden Wörter zu finden – aus dem einfachen Grund, weil es keine gibt! Wir sind die Opfer einer Sprachlosigkeit, die ihre Wurzeln in der bereits geschilderten gesellschaftlichen Entwicklung hat. Im Laufe des 18. und 19. Jahrhunderts wurde über Sexualität immer mehr geschwiegen; so lange wurde geschwiegen, dass der Sprache im sexuellen Bereich schlicht die Worte zu fehlen begannen. Vor diesen Jahrhunderten der Verdrängung sah es auch in unserem Kulturbereich noch anders aus. Das 15. und 16. Jahrhundert gilt als eine sinnenfrohe Zeit, die sich den sinnlichen Reizen nicht verschloss, sondern sie kultivierte. (Denken wir nur an die Darstellungen in der Malerei und Literatur!)

Van Ussel erwähnt, dass die französische Sprache des 16. Jahrhunderts dreihundert Wörter zur Bezeichnung des Koitus und vierhundert zur Benennung der Genitalien kannte und dass man in der Sprache der alten Peruaner, dem Ketschua, 600 Kombinationen des Verbs «munay» (= lieben) gefunden habe.

Der «viktorianische» Besen säuberte die Sprache aber nicht nur von Bezeichnungen, die einen direkten, sexuellen Bezug hatten; selbst sprachliche Wendungen wie «the naked eye» (= von blossem Auge) wurden nicht mehr geduldet! Die Menschen jener Zeit verdrängten ihre Sexualität in einem Ausmass, dass sie befürchteten, «ein einziges schmutziges Wort könne oft schon die Geschlechtsteile erhitzen».

Unsere Sprache hat oft äusserst treffende, lautmalerische, geradezu «sinnliche» Wörter geschaffen. Rufen die folgenden Wörter – laut gesprochen – nicht schon durch ihren Klang die entsprechenden Bilder hervor? **Gackern, kichern – schummrig, dämmrig – flauschig, kuschlig – stöhnen, dröhnen – brummen, murmeln.** Aber ausgerechnet im sinnlichsten Bereich wird unsere Sprache spröd und hölzern.

Das Thema Sex wird in den Medien (Zeitschriften, Film, Video usw.) bis zum «geht nicht mehr» breitgewalzt. Dieser Materialfülle, dieser Wortflut stehen wir in unserem ganz persönlichen Bereich hilflos gegenüber – sprachlos. Daran wird sich nicht viel ändern, solange Sexualität als positive Kraft, als Lebenskraft in unserer Gesellschaft nicht akzeptiert ist.

---

* Manche dieser Wörter gehörten früher einmal zur Umgangssprache, haben aber heute ihren ursprünglichen Sinn verloren und werden deshalb für gemein oder obszön gehalten, z. B. ficken, was althochdeutsch «hin und herbewegen» bedeutet.

Und doch müssen wir in dieser Sprachlosigkeit einen Weg finden, um über Sexualität sprechen zu können. Wenn sich keine Wörter anbieten, die reizvoll genug sind, um uns zu gefallen, dann müssen wir sie eben selber erfinden. Im Privatbereich sind uns keine Grenzen gesetzt, wie phantasievoll wir mit der Sprache umgehen möchten – und zu hoffen ist, dass sich dies allmählich auch auf die Umgangssprache auswirken wird.

Natürlich sollten die Kinder auch die medizinischen Fachausdrücke für Sexuelles kennenlernen. Sie werden sie später in gewissen Büchern antreffen, sie werden sie bei einem Arztbesuch brauchen usw. Aber um das Kind auf liebevolle Weise mit seinem Körper vertraut zu machen, sind sie ungeeignet. Die Empfindungen des Körpers werden sprachlich anders wiedergegeben. Medizinisch-wissenschaftliche Ausdrücke haben kaum etwas mit unseren Gefühlen und unserem Empfinden zu tun.

Ein Kind lernt genauso über Sexualität zu reden wie über alles andere auch:

- Indem es erlebt, dass es im Familienleben als vollwertiger Gesprächspartner ernst genommen wird!
- Indem es erfährt, dass sich die ganze Familie mit den verschiedensten Themen auseinandersetzt – Meinungen werden ausgetauscht, diskutiert, hinterfragt, kritisiert; Erlebnisse werden erzählt, Probleme und Sorgen kommen zur Sprache.
- Indem das Kind immer wieder die Erfahrung macht, dass es in Gespräche (auch in Gespräche sexuellen Inhalts) einbezogen wird; dass es über alle möglichen Gebiete (auch über sexuelle Gebiete) Fragen stellen darf; und dass es zu allen Lebensbereichen (auch zu sexuellen) Informationen erhält.

Manchen Eltern mag es schwer fallen, über Sexualität zu reden, weil sie von der Vorstellung ausgehen, alles **erklären** zu müssen. **Klar**heit schaffen bedeutet aber nicht, alles er**klär**en zu können. Sexualität ist mit Gefühlen, mit Träumen, Trieben und Phantasien verbunden – für manches lassen sich keine Worte finden.

Häufig wird man dem Kind eingestehen müssen, dass man selber vieles nicht weiss, dass vieles rätselhaft ist und dass man selber genauso nach Antworten suchen muss. «Es ist ein Unterschied, Sexualität als intime Angelegenheit zu empfinden, als sich schuldig oder unbehaglich dabei zu fühlen. Fast jeder Mensch möchte seine Intimsphäre wahren oder ist manchmal schüchtern, wenn es um Sexualität geht, egal, wie alt er ist. Noch soviel Aufklärung wird nicht ändern, dass die Sexualität natürlicherweise von etwas Geheimnisvollem umgeben ist.» (Bell)

Der Vater eines 15jährigen Mädchens meint dazu: «Auch wenn ich meiner Tochter gegenüber (. . .) offen und gesprächsbereit beim Thema Sexualität war, behält sie ihre sexuellen Gefühle doch ganz stark für sich. Und das trifft auf mich genauso zu. Wir können gut informiert sein, die Sexualität ist für uns immer mit einer gewissen Scheu verbunden. Sexualität hat auf mein Leben so einen starken Einfluss, dass meine sexuellen Gefühle für mich etwas sehr Intimes sind. Und das finde ich auch gut so.» (Bell)

«Giri-giri-gitz!»

Nicht nur in der Erwachsenenwelt gibt es verschiedene Sprachebenen. Die sogenannt unanständigen, «grusigen» Wörter üben auf die meisten Kinder eine grosse Faszination aus.

Kinder geniessen es, einander im geheimen «obszöne» Verse und Sprüche zu erzählen. Sie schaffen sich damit einen Bereich, zu dem Erwachsenen der Zutritt verboten ist, eine Kinder-Unterwelt.

Die meisten Erwachsenen werden sich noch an die Sprüche aus ihrer Kinderzeit erinnern, die sehr oft und mit grossem Genuss wiederholt wurden, gerade weil sie verboten waren. Hier einige Beispiele, die Sie vielleicht auch einmal aufgesagt haben:

Giri-giri-gitz!
D Meitli händ än Schlitz
d Buebe händ än Zuckerschtengel
d Mane händ än Totebengel
d Fraue händ än Tannewald!

Äxgüsi, Frau Büsi,
hätt Schtrumpfhose n aa,
verrisse, verschisse,
s gaat niemer nüt aa.

De Pfarrer vo Gämf,
dä badet im Sämf,
da chunnt de Tokter Gäbeli
und haut em eis ufs Schnäbeli,
da chunnt de Tokter Füdliblutt
und haut de Cheib no ganz kabutt.

D Müllere hätt si hätt,
d Müllere hätt si hätt,
d Müllere hätt i d Hose gschisse
und em Maa is Füdli bisse!

Was söll i mache?
I d Händ schiisse
und luege, wies dämpft!

Der letzte Vers ist ein Streichelspiel. Beim Aufsagen berühren die Kinder die entsprechenden Körperteile. Einmal mehr sind Berührungen möglich, da sie getarnt werden.

Öörli, Öörli,
Äugli, Äugli,
Schnuderkasärne,
Frässmaschine,
Milchmaschine,
Lüütichnopf,
Wasserhaane,
Schoggifabrik.

Sehr beliebt bei älteren Kindern sind auch die Verse, mit denen die Phantasie der Zuhörer auf eine falsche Fährte gelenkt wird:

Ich laan en dine,
ich laan en dine,
ich laan en Dynamo la laufe.

Ich nimm en use,
ich nimm en use,
ich nimm en Usegobüchs füre.

Ich laan en lampe,
ich laan en lampe,
ich laan en Lampeschirm la mache.

Ernest Borneman hat im deutschsprachigen Raum über mehrere Jahre solche Verse gesammelt und drei Bände(!) damit gefüllt, was hinsichtlich deren Verbreitung und Beliebtheit keine Zweifel offenlässt. Er hat diese Freude an verbotenen Versen bei Kindern aller Altersstufen ab etwa drei Jahren festgestellt.

Wo liegen die Gründe, dass Kinder sich sehr häufig mit analen und genitalen Vorgängen in Form verbotener Verse beschäftigen?

«Ein so intensives Interesse lässt sich weder aus der „Natur" des Kindes noch aus den „natürlichen" Reifungsprozessen des Kindes ableiten, sondern ist das Produkt einer Gesellschaftsordnung, die dem Kinde von der Geburt an jede sinnliche, mit den fünf Sinnen wahrnehmbare Kenntnis der Paarungs- und Fortpflanzungsvorgänge seiner eigenen Gattung vorenthält. In Kulturen, die weniger restriktiv und weniger geheimbündlerisch mit den lebenserhaltenden Organen und Tätigkeiten umgehen, ist ein solches Wuchern der kindlichen Sexualneugier ebensowenig feststellbar wie jene ungute Treibhausatmosphäre, in der die geschlechtlichen Vorgänge bei uns noch im Erwachsenenalter stattfinden.» (Borneman)

Reagieren die Eltern mit Zorn oder Verboten auf diese Verse, so wird der Reiz daran noch gesteigert. Bei manchen Sprüchen wird man vielleicht selber lachen können. Andere können einem ganz schön auf die Nerven gehen.
Eine Mutter weiss dazu ein Beispiel: «Meine beiden Töchter (sechs und zehn Jahre) hatten eines Tages ein wundervolles Spiel erfunden. Sie hängten an jedes Wort „Füdli" an. Das gab dann Sätze wie: „Ich mues i d Füdli-Chuchi än Füdli-Znacht go choche . . ." Die beiden amüsierten sich unglaublich dabei. Sie kicherten und wälzten sich auf dem Bauch vor Lachen. Ich stand ein bisschen ratlos daneben, weil ich diese Art von Humor beim besten Willen nicht lustig fand; schon gar nicht bei der hundertsten Wiederholung. Ich liess ihnen einen Tag lang ihren Spass dabei. Als sie aber am nächsten Morgen wieder damit anfingen, griff ich ein und sagte, mir hänge dies zum Hals heraus, ich könne das nicht mehr hören, was sie denn auch akzeptierten. Die Sache war damit erledigt, und das Spiel wurde mit der Zeit vergessen.»

Wenn Sie nun meinen, **Ihr** Kind nehme solche schmutzigen Wörter nicht in den Mund, irren Sie sich wahrscheinlich. Fast alle Kinder kennen «verbotene» Reime und Verse, sie verstecken sie nur sehr oft vor den Erwachsenen. **Aber schliesslich sollen die Kinder ruhig auch ein Plätzchen haben für allerlei Geheimnisvolles, eine «Privatsphäre», die den neugierigen, kontrollierenden Erwachsenenaugen verborgen bleibt.**

«Aufklärung» – nein danke!

Bei manchen Eltern besteht immer noch die Vorstellung, dass man irgendwann zu einem bestimmten Zeitpunkt das Thema Sex anschneiden müsse, sprich: das Kind aufklären müsse und dass nachher das Thema erledigt sei. Solche Eltern glauben, sie würden die Kinder auf «falsche Gedanken» bringen oder gar sexuell stimulieren, wenn sie zueinander zärtlich wären vor den Kindern. Und so schliessen sie sich und ihr Sexualleben im Schlafzimmer ein. Wenn die Eltern ihre Sexualität in die Heimlichkeit verbannen, so geben sie dem Kind (ohne Worte) zu verstehen, dass es sich dabei um etwas handelt, das zu «schmutzig» ist, um darüber zu reden. Was muss dann das Kind von seinen Eltern denken, wenn es erkennt, dass die Eltern ja die ganze Zeit so etwas «Schmutziges» praktiziert haben? Viele Erwachsene erinnern sich tatsächlich daran, dass sie als Kind ihren Eltern Zärtlichkeit und sexuelles Verhalten nie zugetraut hätten: «Da ich meine Eltern als völlig asexuelle Wesen erlebt habe, war die Vorstellung, dass sie miteinander schlafen würden, absurd und schockierend für mich. Ich erhielt sämtliche Informationen auf der Gasse von meinen Freundinnen. Ich war sehr enttäuscht, dass mir meine Eltern dieses wichtige Wissen vorenthalten hatten.»

Als Folge des Versteckspiels stehen die Eltern dann eines Tages vor dem Problem, ihr Kind **aufklären** zu müssen. Aufzu**klären** über all das, was sie un**klar** gemacht haben.

So unvermittelt, ohne jeden Zusammenhang mit seinem eigenen Erleben, mit dem Kind über Sexualität reden zu müssen, das ist allerdings ausserordentlich schwierig; und es kommt dann auch meistens schief heraus!

Das folgende Beispiel ist keine Anekdote. Vor noch nicht zwanzig Jahren hat jemand Aufklärung so erlebt: «Mein Vater berief wieder einmal eine Familienratsitzung ein, zu der aber nur mein älterer Bruder (elf Jahre) und ich (zehn Jahre) aufgeboten wurden. Für meine ältere Schwester war das anscheinend schon erledigt worden. Wir mussten uns hinsetzen und warteten in der beklemmenden Atmosphäre, welche Entscheidungen uns der Vater – wie immer ganz geschäftsmässig – mitzuteilen hätte. Er fragte unvermittelt: „Händ er au scho über das i dä Schuel gredt?" Wir fragten natürlich ganz unbefangen zurück: „Über was?" Darauf sagte er nichts mehr, vermutlich wollte er so „unanständige" Wörter gar nicht in den Mund nehmen. Er griff hinter seinen Rücken, gab uns ein Buch („Vom Knaben zum Mann") und sagte noch, wir sollten das einmal lesen. Wir rasten in unser Zimmer und lasen es schnell durch. Ich war sehr enttäuscht, hatte ich doch aus dem klassischen Aufklärungsbuch von Van der Velde, das ich vor einem Jahr heimlich auf dem Estrich gelesen hatte, bereits viel mehr gelernt.»

Das Wort «Aufklärung» sollte aus dem Vokabular gestrichen werden! Klarheit schaffen – ja! Aber nicht in einer einmaligen Blitzaktion, sondern im täglichen Erleben. Eltern möchten ja immer gern ein Vorbild für ihre Kinder sein. Im sexuellen Bereich heisst das, dem Kind ein Vor**bild** zu geben, wie erwachsene Menschen eine Liebesbeziehung leben – dass Sexualität manchmal schön und reizvoll ist, manchmal aber auch nicht; dass man Schmusen und Liebemachen geniessen kann, manchmal aber auch keine Lust darauf hat; dass es Momente gibt, in denen man seinen Körper gern hat, und andere, in denen man ihn nicht ausstehen kann.

Klarheit schaffen heisst auch, immer wieder offen zu sein für Gespräche und das Kind spüren zu lassen, dass es über alles, auch über Sexuelles, Fragen stellen darf.

Sexualerziehung könnte tatsächlich ganz einfach sein! Wenn die Eltern ihre Sexualität leben, wenn sie der Zärtlichkeit breiten Raum geben, wenn sie offen über Sexualität sprechen, so dürfen sie jeden Gedanken daran, dass sie ihr Kind einmal aufklären müssen, vergessen!

Vor**bild**liche, **hand**liche und **wört**liche Sexualerziehung macht Aufklärung überflüssig!

Offene Fragen

Ebenso irrig wie die Idee einer einmaligen Aufklärungsaktion ist die Vorstellung, alle Kinder würden im selben Alter die gleichen Fragen stellen, die man nach Rezeptbuch zu beantworten habe, sorgfältig vermeidend, den Kinderohren zuviel zuzumuten.

Auf Kinderfragen reagieren Erwachsene sehr widersprüchlich: Gewisse Fragen schmeicheln dem Selbstbewusstsein, weil man dem Kind komplizierte Sachen erklären und damit beweisen kann, wieviel man als Erwachsener weiss. Andere Fragen werden unwirsch als lästig oder unwichtig abgetan. Manche Fragen lassen aufhorchen: «Aha, jetzt geht es um etwas Sexuelles! Vorsicht! Pädagogisch richtig und behutsam reagieren!»

Wie unsinnig diese Trennung in interessante, lästige und schwierige Fragen ist, möchte ich an einem Vergleich aufzeigen: Wenn ein Kind mit drei Jahren fragt: «Wieso fährt ein Auto?», so wird man ihm antworten: «Weil es einen Motor hat.» Wenn es ein Jahr später wissen will, wieso es Benzin brauche und was denn da eigentlich hinten herauskomme, so wird man diese Fragen geduldig beantworten, sich aber auf eine vereinfachende Darstellung beschränken. Der Vierjährige wird wahrscheinlich zufriedengestellt sein. Einige Zeit später will er aber sicher genauere Auskünfte haben wollen, zum Beispiel was der Ganghebel für eine Funktion hat oder wie es unter der Motorhaube aussieht. Bestimmt will sich das Kind auf den Vordersitz setzen und am Steuerrad drehen. Es wird das Geräusch des An-

fahrens und Bremsens imitieren und dazu lachen, fröhlich sein und die Lust ausdrücken, die ihm das Spielen bereitet. Niemand nimmt es dem Kind übel, wenn es seine Spielzeugautos genau auseinandernimmt, später mit dem Velo und dem Töffli experimentiert und sagt: «Wenn ich gross bin, will ich auch Auto fahren!» Stellt das Kind aber Fragen über seinen Körper und seine Geschlechtsteile, so muss es sich mit einer unbestimmten Antwort auf ewige Zeiten zufriedengeben, so soll es nicht unter die Motorhaube gucken.

Fragen sind **ein Teil** der sogenannten kindlichen Sexualforschung. Das Kind folgt dabei seinem Entwicklungsrhythmus und dehnt in konzentrischen Kreisen seinen Interessenbereich aus. Wir Erwachsenen müssten nur mehr Vertrauen in die Kinder haben und uns ihrer Gangart anpassen. Die Angst, den Kindern verfrühte Informationen zu liefern und sie zu verunsichern, ist völlig unbegründet. Kinder stellen den Empfänger ab, wenn sie sich für etwas nicht interessieren: «Als unser zweites Kind unterwegs war und wir dem „Grossen" erklärten, dass da ein

Baby wachse, und fragten: „Möchtest du auch wissen, wie das Baby da hineingekommen ist?", kam ein klares „Nein".»

Fragen sind ein Vertrauensbeweis des Kindes seinen Eltern gegenüber! Wenn das Kind über alles mögliche – Sexualität eingeschlossen – Fragen stellt, so dürfen sich die Eltern freuen. Kinder haben ja so feine Antennen, dass sie ganz genau spüren, wenn Fragen unwillkommen sind. Veränderungen im Tonfall, abwehrende Körperhaltung, Mimik oder Gesten, ausweichende Antworten bringen die Kinder dazu, zu verstummen und ihre Fragen, wie unbewusst von den Eltern erwünscht, zurückzustellen.

Wenn das Kind zeit seines Lebens die Gesprächsbereitschaft der Eltern gespürt hat, wenn es ernst genommen wurde mit all den Fragen und Gedanken, die es beschäftigen, mit all den Erlebnissen, die es erzählen möchte, so entsteht eine **Vertrauensgrundlage. Dank diesem Fundament wird das Gespräch zwischen Eltern und Kindern auch in schwierigen Zeiten, sei es in der Pubertät, sei es in der Ablösungsphase als Jugendlicher, nicht verstummen.**

Im Alter zwischen zwei und vier Jahren, im «Fröglialter» werden den Eltern häufig Löcher in den Bauch gefragt. Hinter diesen manchmal sinnlos scheinenden oder schon siebenmal beantworteten Fragen versteckt sich eine viel wichtigere Frage: Die Grundfrage nach dem Ursprung des Lebens überhaupt. Es ist die Frage nach dem eigenen Ursprung, nach der Identität. Im Grunde möchte das Kind wissen: «Woher komme ich? Wer bin ich?» und fragt noch tausend andere Sachen: «Wie habe ich denn gegessen, als ich in deinem Bauch war? Was machen die Sterne am Tag?»

Die Eltern sollten es nicht verpassen, für das Kind ein Fotoalbum anzulegen. Stundenlang und immer wieder will das Kind die gleichen Bilder betrachten: Mami mit dem dicken Bauch, die Geburt, erste Gehversuche . . . Und zum hundertsten Mal will es die Geschichten hören: dass es das schönste Baby war, mit langen, dunklen Haaren, dass es die Mutter nächtelang nicht schlafen liess und dass es beim Wickeln manchmal in hohem Bogen wie ein kleiner Springbrunnen gepinkelt hat . . .

In dieser Altersphase wird dem Kind häufig zum ersten Mal die Bedeutung des Todes bewusst. Vielleicht ist sein Meerschweinchen gestorben, oder es findet einen toten Vogel auf der Strasse; vielleicht erzählt man ihm eines Tages, dass es den Grossvater nicht mehr sehen werde. In der heutigen Kleinfamilie wird das Kind meistens nicht mehr hautnah den Tod eines Familienmitgliedes oder Verwandten miterleben. Wir haben den Tod säuberlich hinter die Mauern der Spitäler oder Altersheime verbannt. Genauso wie sich das Kind für die Fragen seiner Entstehung interessiert, beschäftigt es der Gedanke an den Tod. Unter Umständen kann dies mit Furcht oder Angst verbunden sein. Der grössere Zusammenhang von werden – wachsen – vergehen sollte dem Kind in verschiedensten Bereichen aufgezeigt werden: in der Natur, den Jahreszeiten; indem es Samen setzen kann, ein Haustier halten darf; indem es zu älteren Nachbarn spielen gehen kann; indem wir mit ihm auf dem Friedhof Gräber besuchen; indem wir ihm aus der Familiengeschichte erzählen, von Verwandten, die schon verstorben sind, usw.

Kinderfragen können auch eine Chance für uns sein, eine Möglichkeit, uns selber besser kennenzulernen. Wir können uns beobachten, **wie** wir auf Fragen reagieren: Gewisse Fragen bereiten uns keine Mühe, andere empfinden wir als schwierig. Das Kind kennt da keine Unterschiede: Es fragt nach allem, was ihm auffällt und was es beschäftigt. In der Regel weiss es nicht, in welchen – für uns vielleicht schwierigen – Bereich es sich hineinfragt.

Eine Lehrerin drückte dies so aus: «Immer wieder stelle ich fest, dass es keine sogenannten „schwierigen Kinderfragen" gibt. Schwierig für mich sind nur die Fragen, für die ich in meinem eigenen Leben keine Antwort weiss, denen ich hilflos gegenüberstehe, die etwas in mir antippen, worin ich mich selbst unsicher fühle (z. B. Fragen nach Gott, nach dem Leben nach dem Tod, aus dem sexuellen Bereich). Die für mich schwierigen Kinderfragen zeigen mir auf, dass ich mich mit diesem Problembereich auseinandersetzen und **Antworten für mein Leben suchen sollte.**» So gesehen wird Sexualerziehung zu einer Auseinandersetzung mit all den Fragen, die das Menschsein betreffen, mit Geburt, Leben und Tod.

Bücher

So selbstverständlich wie die Eltern den Kindern zu allen möglichen Interessengebieten Bücher schenken, sollten sie dies auch auf dem Gebiet der Sexualität tun. Es gibt heute eine grosse Zahl guter, spannender und lustiger Bücher* zum Thema Sexualität für Kinder aller Altersstufen.

Je älter ein Kind wird, desto mehr erweitert sich sein Wissenshorizont und entwickelt es die Fähigkeit, komplizierte Zusammenhänge zu verstehen. Die Eltern sollten diesem Umstand Rechnung tragen und dem Kind immer wieder, seinem Alter und Wissensstand angepasst, Bücher zur Verfügung stellen. Ich möchte jedoch betonen, dass ich Bücher zwar wertvoll und wichtig finde, aber nur als **zusätzliche und vertiefende Information.**

Nehmen Sie sich Zeit, die Bücher mit Ihren Kindern zusammen anzuschauen. Bücher liefern oft Anstösse für interessante Gespräche. Sie helfen so Eltern und Kindern, mit grösserer Leichtigkeit über Sexualität zu reden.

Es ist wichtig, dass das Kind diese Bücher behalten darf, so dass es sie nach Lust und Laune immer wieder anschauen und lesen kann. Bücher übers Liebhaben, über Zärtlichkeit, über den Körper und das Kinderkriegen sollten in der Bibliothek eines Kindes genauso Platz finden wie Abenteuergeschichten und Detektivromane.

* Eine Auswahl findet sich auf Seite 149 f.

Wie man sich bettet . . .

Etwa einen Drittel unserer Lebenszeit verbringen wir im Bett. Bei der Erziehung unserer Kinder haben wir ihr **Wohl** im Auge. Aber wie **wohlig**, wie **wohl darf es den Kindern im Bett sein?** Das Bett ist nämlich der Ort einer Wohnung, in dem die Sinne und der Körper vielleicht am meisten angesprochen werden und in dem auch die Erwachsenen nichts gegen Sinnlichkeit haben. In unserem Kulturbereich wird viel Wert auf strahlendweisse und blitzsaubere Bettwäsche gelegt. Macht man sich aber auch Gedanken darüber, wie die Kinder sich betten möchten? Geht man auf ihre Wünsche ein und nimmt man ihre Bedürfnisse ernst?

Aus der Zeit, als sich die Säuglingspflege hauptsächlich nach hygienischen Prinzipien ausrichtete, stammt auch die Anweisung an Eltern, die Kinder zwischen möglichst glatt gespannte Leintücher zu betten. Dies entspricht jedoch nicht unbedingt dem Bedürfnis des Kindes nach Geborgenheit; es hängt sozusagen in der Luft, wenn es um sich herum keinen Kontakt hat.

Eine Mutter bestätigt dies: «Ich habe beobachtet, dass es meinem Baby am wohlsten ist, wenn es richtig fest eingekuschelt ist. Nehme ich meinen Sohn in den Arm, so ist er am zufriedensten, wenn ich ihn richtig fest, mit einem sicheren, ja kräftigen Druck halte. In seinem Schlafkorb liegt er auf einem Fell, will ein Kissen im Rücken haben und von allen Seiten richtig eingemummelt werden. Sein Püppchen mit Haaren aus Fell hält er sich ganz dicht vors Gesicht. Dies ist vielleicht nicht besonders hygienisch; aber ich bin sicher, er liebt es, wenn alles wohlig kuschelig ist und auch nach ihm selbst riecht.»

Babys können ihre Bedürfnisse nicht verbal mitteilen. Es liegt an uns, herauszufinden, was zu ihrem Wohlbehagen beiträgt, zu spüren, was sie brauchen. Wir müssen uns Mühe geben, ihre Mitteilungen, die sie durch ihre Körpersprache ausdrücken, zu verstehen. Man wird sich dabei viel mehr auf sein Gespür und auf seine Intuition verlassen müssen als auf sture Regeln zur Säuglingspflege.

Das Kind hat das Bedürfnis nach Berührung mit seiner Umwelt, seien es sichere Arme, warme, tröstliche Hände oder kuschelige Decken; und über die Haut empfindet es die Versicherung, dass alles um es herum in Ordnung ist.

Grössere Kinder können ihre Bedürfnisse ausdrücken. Ihre Wünsche, wie kuschelig, wie farbig, wie wohlig, wie sinnenfreundlich sie es sich in ihrem Bett einrichten möchten, sollten deshalb respektiert werden.

Vom Kuscheln

Die langen und dunklen Nächte ganz allein in einem grossen Bett verbringen zu müssen, das kann beängstigend und manchmal auch traurig sein. Wahrscheinlich hat jedes Kind ein Stofftier, ein Püppchen oder ein simples Tuch dazu auserwählt, die Nächte mit ihm zu teilen. Die Eltern wissen genau, dass das Kind ohne «Nuuscheli» an einem fremden Ort nicht schlafen kann und dass es deshalb auf jede Reise mitgenommen werden muss: «Meine Tochter ist jetzt vier Jahre alt. Sie schläft immer mit einer Windel aus ihrer Babyzeit. Sie hält einen Zipfel fest in der Hand und ganz nah an den Mund. Mit der Zeit wird das ,,Zipfeli'', wie meine Tochter es nennt, wirklich sehr schmutzig. Ich muss all meine Überredungskünste aufwenden, wenn ich das ,,Zipfeli'' waschen will, und darauf achten, dass es abends ganz sicher wieder trocken ist.»

Die Vorstellung, Kinder hätten sich in ihrer Entwicklung an einen «Fahrplan» zu halten und seien nun schon zu gross für ein solches «Baby-Verhalten», führt oft zu unnötiger Verunsicherung. So gestand mir eine Mutter ganz verlegen und fast verschämt, ihr Kind wolle immer noch seinen Teddybär ins Bett mitnehmen. Vergeblich habe sie versucht, ihn dem Kind wegzunehmen, denn schliesslich sei es jetzt schon drei(!) Jahre alt.

Es gibt Kinder, die noch bis nach der Pubertät ein Stofftier oder etwas ihnen Liebes und Vertrautes aus der Kleinkindzeit zum Schlafen brauchen. Mir hat deshalb auch jene Lehrerin Eindruck gemacht, die ihren Sechstklässlern nahelegte, ein Kuscheltier ins Klassenlager mitzunehmen (was denn auch alle Schüler mit grösstem Vergnügen machten).

In vielen Kulturbereichen schlafen die Menschen, sowohl Kinder als auch Erwachsene, ihr ganzes Leben lang praktisch nie allein. Wir betrachten es als Fortschritt, als Zeichen von Wohlstand, wenn alle Familienmitglieder ein eigenes Bett zur Verfügung haben. Der Preis, den wir dafür bezahlen, ist der Verlust an Körperkontakt, Nähe und Wärme.

In Diskussionen wird immer wieder die Frage aufgeworfen, ob es für ein Kind gut sei, im Elternbett zu schlafen. Gerade bei diesem Thema lässt sich einmal mehr aufzeigen, dass es in dieser wie auch in den anderen Fragen des menschlichen Zusammenlebens keine allgemeingültigen Rezepte gibt. Die Ansichten der «Fachleute» gehen da oft sehr weit auseinander. Vielleicht müsste man einfach wieder den Mut haben, seinen eigenen Gefühlen zu vertrauen, sowohl seine eigenen Bedürfnisse als auch die Bedürfnisse des Kindes wahrzunehmen und, seinem «Gschpüür» folgend, je nach Situation zu handeln.

Einige Meinungen:

Eine 60jährige Ärztin: «Ich arbeite in einer Kinderkrippe mit Psychologen und Erziehern zusammen. Wir besprachen den Fall eines dreijährigen Mädchens, das ein sehr auffälliges Verhalten zeigte. Der Grund dafür wurde in der Tatsache gesehen, dass es jede Nacht im Bett seiner Mutter schläft. Ich teilte diese Ansicht zwar nicht, traute mich aber nicht zu sagen, dass meine beiden eigenen Söhne immer, bis sie etwa sechs Jahre alt waren, in meinem Bett geschlafen haben. Sie betrachten es heute noch als positives Erlebnis, in der Nacht meinen warmen Körper, Sicherheit und Geborgenheit gespürt zu haben. Ich finde, dass man den Kindern diesen Körperkontakt unbedingt geben sollte, vorausgesetzt, sie verlangen auch danach.»

Ein 30jähriger Vater: «Meinem fünfjährigen Sohn ist es jederzeit möglich, zu uns ins Bett zu kriechen, wenn er Angst hat bei einem Gewitter oder bei schlimmen Träumen, wenn er aus Aufregung oder Kummer nicht schlafen kann oder wenn er einfach das Bedürfnis nach Nähe und Wärme verspürt. Ich selber schlafe sehr ungern allein. Die Anwesenheit meiner Frau neben mir zu spüren bedeutet mir sehr viel. Eigentlich ist es sehr hart für Kinder, immer allein schlafen zu müssen. Ich verstehe sehr gut, wenn ihnen der Teddybär fürs Kuscheln nicht genügt.»

Eine 25jährige Mutter: «Ich lege mich neben meine Tochter (sechs Jahre), bis sie eingeschlafen ist. In meinem Bett will ich sie aber nicht haben, höchstens am Morgen, wenn wir ausschlafen können, für ein «Schmüselischtündchen». Sie ist ein fürchterliches «Fegnest» und verteilt Püffe nach allen Seiten. Ich brauche meine Ruhe zum Schlafen, und ich will auch mit meinem Freund allein sein.»

Die Bandbreite der Meinungen reicht also von «nur ausnahmsweise» bis zu «praktisch immer im Bett haben».

Manche Eltern machen die Erfahrung, dass sich das Ins-Bett-Gehen zu einem eigentlichen Ritual ohne Ende ausweiten kann. Kaum ist das Licht gelöscht, verlangt das Kind nach einem Glas Wasser, möchte noch einmal Pipi machen, hat noch nicht das richtige Stofftierchen im Bett. Es ist zu heiss oder zu kalt, immer wieder wird ein neuer Vorwand gefunden, um die Nähe der Mutter oder des Vaters zu erlangen.

Diese Signale möchten eigentlich sagen: «Ich habe Angst. Mich ängstigt die Dunkelheit. Ich habe das Bedürfnis, ganz sicher gehalten und getröstet zu werden.» Die Eltern sollten auf diese Mitteilungen eingehen, indem sie beim Bett sitzen bleiben, das Kind mit Streichelspielen beruhigen oder indem sie es zu sich ins Bett schlüpfen lassen. «Viele Eltern haben Hemmungen, einem Säugling oder einem Kleinkind sofort jede Hilfe zu gewähren, weil sie fürchten, das Kind würde verwöhnt und könnte nie mehr darauf verzichten. Das Umgekehrte ist jedoch der Fall. Wenn die Eltern dem Kind in seiner Angst beistehen, dann wird es von selbst die Sicherheit erwerben, um allein im Dunkeln schlafen zu können.» (Meierhofer)

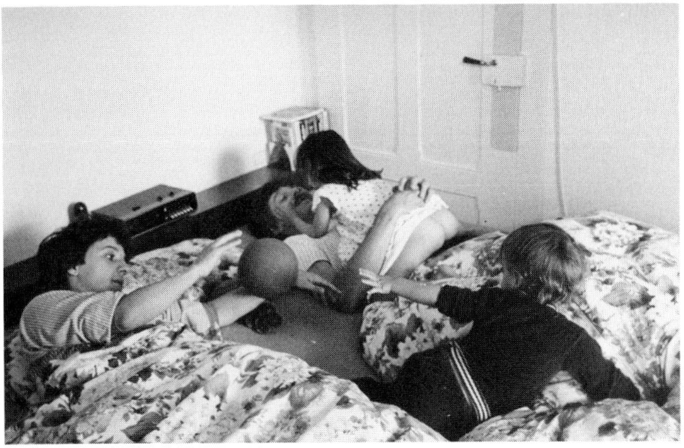

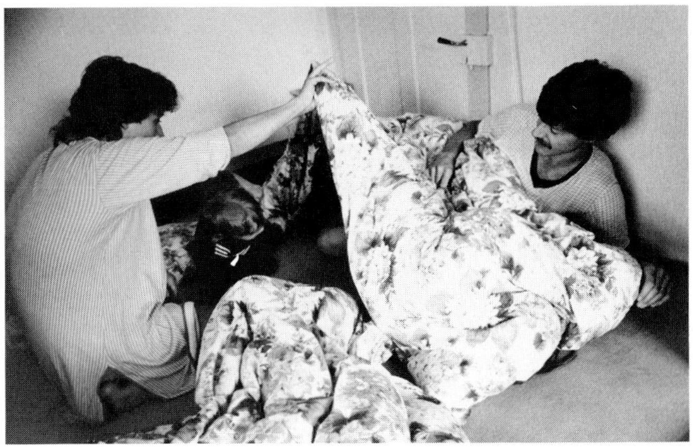

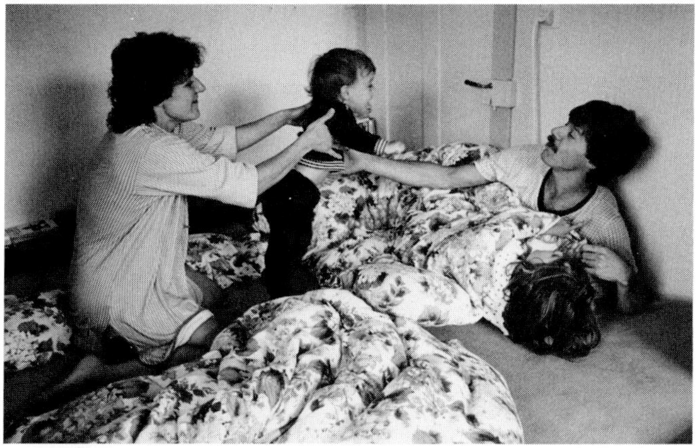

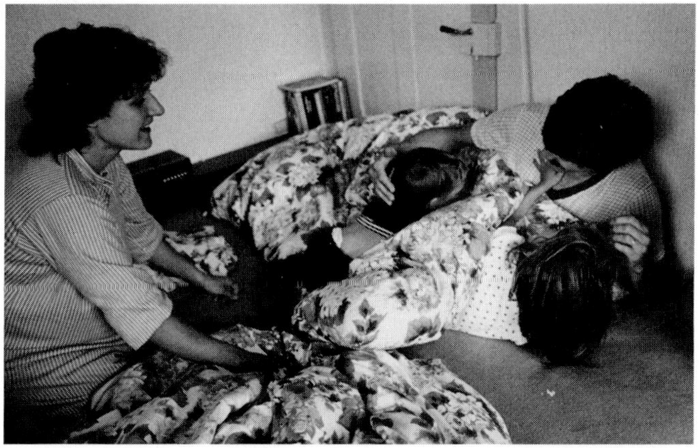

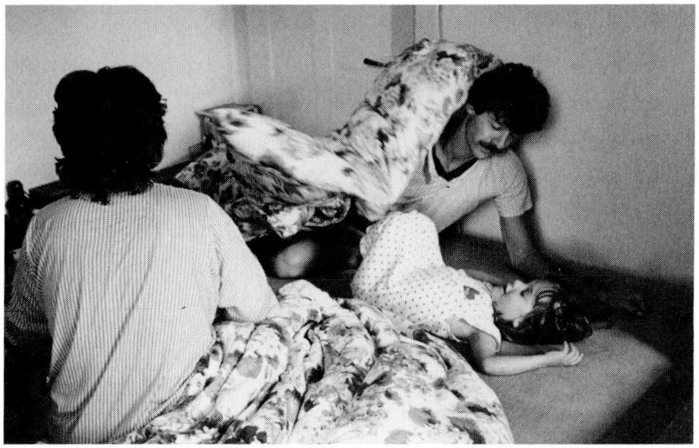

Der Freiraum der Eltern

Ist die Frage, ob ein Kind ständig oder zeitweise bei den Eltern schlafen soll, noch harmlos, so gewinnt sie an Brisanz bei der Überlegung, ob es auch Zeuge des Geschlechtsaktes sein soll. Freud war der Ansicht, dass dadurch lebenslange Störungen hervorgerufen werden könnten.

Es gilt aber zu bedenken, dass Anfang dieses Jahrhunderts die Sexualität möglichst verborgen blieb. Kinderfragen wurden mit dem Märchen vom Storch abgetan. Den damaligen Sitten entsprechend verhielten sich die Erwachsenen immer sehr korrekt und beherrscht, peinlichst vermeidend, ihre Gefühle zu zeigen. In dieser Atmosphäre absoluter Geheimnistuerei musste das Benehmen der Eltern einem Kind, das sie unabsichtlicherweise beim Koitus überraschte oder Geräusche aus dem Schlafzimmer hörte, gelinde gesagt befremdend, wenn nicht völlig unverständlich erscheinen. Freud berichtet von seinen Patienten, dass diese das mit etwas Gewalttätigem, mit einer Rauferei oder mit der Fortsetzung eines Ehestreits mit anderen Mitteln, aber keinesfalls mit einem Akt der Liebe in Verbindung brachten.

Ein Gegenbeispiel dazu ist die Verhaltensweise der Trobriander, eines Südseevolks im Osten Melanesiens, bei denen sich Freiheit und Unabhängigkeit auch auf sexuelle Dinge erstrekken. Ihre Kinder sehen und hören viel vom sexuellen Leben der Älteren. Innerhalb des Hauses haben die Eltern keine Privatsphäre, daher hat das Kind die Möglichkeit, praktische Informationen über den Geschlechtsakt zu erhalten. Die Eltern treffen keine besonderen Vorkehrungen, um die Kinder davon abzuhalten, Zeugen ihrer sexuellen Vergnügungen zu werden. Einem zufällig zuschauenden Kind würden sie nur sagen, es solle seinen Kopf mit der Schlafmatte bedecken. Kleinen Kindern erlaubt man, bei offen geführten Gesprächen über Sexualität zuzuhören; sie verstehen genau, worüber gesprochen wird.

Sicher macht sich ein Kind Gedanken darüber, wie das genau geht, wenn Papi und Mami miteinander Liebe machen. Je weniger Informationen sie erhalten, je mehr die Sexualität mit dem Schleier des Geheimnisvollen umwoben ist, um so mehr ist es gezwungen, sich verschiedenste Theorien auszudenken, und um so mehr wird es sich in seiner Phantasie und Vorstellung damit beschäftigen.

Wenn ein Kind erlebt, dass Sexualität als Lebensenergie im Familienleben einen selbstverständlichen Platz hat; wenn es Zeuge ist, wie die Eltern liebevoll miteinander umgehen, wie sie schmusen und sich küssen, wie sie sich in den Arm nehmen und trösten, wie sie sich streicheln und bei den Händen halten: Dann wird es sicher keinen Schock davontragen, falls es Zeuge wird, wie die Eltern miteinander Liebe machen. Es wird wahrscheinlich nur neugierig wissen wollen, was man denn da mache, und unter Umständen mit Eifersucht reagieren.

Einige Elternaussagen:

«Unsere viereinhalbjährige Tochter sah uns einmal dabei zu. Sie fragte: ,,Was macht ihr denn da?'' Wir nahmen sie zu uns ins Bett und erklärten ihr mit einfachen Worten, dass wir uns liebhätten und miteinander schmusten. Ihr Kommentar: ,,Ich komme nachher auch mit Papa schmusen.''»

«Den Grossen überhörten wir einmal völlig. Sein Kommentar: ,,Ach, ihr spielt Pferdchen!?'' Obwohl er aufgeklärt war und Bescheid wusste, gefiel ihm ,,das'' nicht. Inzwischen gelingt uns der Griff zur Bettdecke schneller, und der Sohn reagiert freundlich-gelassen: ,,Ich lasse euch jetzt lieber wieder allein.''»

«Unser Sohn findet höchstens, dass wir zu häufig zusammen sind und angeblich zuwenig Zeit für ihn haben. Die Tochter reagiert ähnlich, indem sie sich einfach zwischen uns drängt.» (Hellbrügge)

Der Stellenwert dieser Frage sollte nicht überschätzt werden. Schliesslich geht es ja nicht um ein Riesenproblem, sondern um das Recht der Eltern, Zeit und Raum für sich selber zu haben, um das Bedürfnis nach Ungestörtheit. Das Kind sollte die elterlichen Bedürfnisse genauso ernst nehmen, wie seine eigenen ernst genommen werden. Nicht ohne Grund spielt sich der Koitus bei vielen Völkern an einem geschützten Platz ab. Zuschauer und Störungen verschiedenster Art sind in diesem Moment intensiver Begegnung unerwünscht. Anstatt aber mit einer verschlossenen Schlafzimmertüre Neugier und das Gefühl von Ausgeschlossenheit beim Kind zu wecken, kann man ihm ja erklären: «Wenn wir Liebe machen, dann wollen wir ganz nahe beieinander sein, einander spüren. Auch wenn du in diesem Moment nicht dabei bist, vergessen wir dich nicht. Schliesslich bist du ja auch in einem solchen Augenblick entstanden. Wenn du mit deinem ,,Gschpänli'' ganz fest spielst, so hast du es auch nicht gern, wenn du gestört wirst. Wir brauchen manchmal Zeit nur für uns beide, dafür stören wir dich dann auch nicht, wenn du einmal ganz allein sein willst.» So wird sich das Kind nicht verletzt oder ausgeschlossen fühlen, sondern lernen, dass eine **ge**schlossene, aber nicht **ver**schlossene Türe den Wunsch der sich im Zimmer befindenden Person ausdrückt: «Ich brauche Ruhe, ich will nicht gestört werden!» Umgekehrt sollte es auch für die Eltern eine Selbstverständlichkeit sein, nicht einfach ins Kinderzimmer hineinzuplatzen. Dieser **gegenseitige Respekt,** diese Höflichkeit erleichtern das Familienleben und macht dem Kind einsichtig, dass die Eltern ein Recht auf Intimsphäre haben.

Spielen ist sinnlich

Spielen, spielen . . .

Spielen ist für das Kind nicht einfach eine Tätigkeit, sondern seine Art zu **sein.** Im Forschen, Entdecken, Untersuchen und Erproben beginnt es, sich selbst, seine Mitmenschen und seine Umwelt zu begreifen und in sich aufzunehmen.

Über seine Sinne nimmt es die Welt in sich auf. All diese sinnlichen Erlebnisse, all diese Eindrücke verarbeitet das Kind in seinem Innern und drängt danach, sie auf seine ganz persönliche Art wieder nach aussen zu schaffen: Im Formen, Gestalten, Erfinden und Schaffen will es sich **ausdrücken** – nach **aussen drücken.**

Je reicher ein Kind an sinnlichen Eindrükken ist, um so grösser wird sein Bedürfnis, etwas eigenes aus sich zu «schaffen» – schöpferisch zu sein. Vom Lateinischen «creare» (= schaffen, erschaffen) wurde der Begriff «Kreativität» abgeleitet. Die Kreativität der Kinder – ihre Schaffenskraft, ihre unbändige Energie, ihr Ideenreichtum – ist überwältigend. Wäre es nicht schön, wenn wir die Kinder in ihrer Tatkraft nicht beschneiden würden, sondern uns davon anstecken lassen könnten und wieder etwas von dieser lustvollen Kinderwelt entdecken würden?

Aufgabe der Eltern ist es, die Kinder im Finden ihrer Ausdrucksform **gewähren** zu lassen, auch wenn die Bedingungen der Umwelt der kindlichen Schöpferkraft oft entgegenstehen!

Für unsere Kinder ist eine künstliche Spielwelt geschaffen worden, voll von raffiniertesten Spielzeugen – aber aus der Erwachsenenwelt werden sie ausgeschlossen. Es gibt Beispiele von anderen Kulturen oder anderen Epochen, in denen die Kinder, sobald sie dazu fähig waren, an den Aktivitäten der Erwachsenen teilnahmen. So lernten, spielten und «arbeiteten» sie in einem. Man erwartete keine perfekten Leistungen – die Kinder wurden in **ihren** Möglichkeiten für voll genommen. Als ich in einer kleinen Herberge in den Bergen Nepals übernachtete, hat mich das folgende Erlebnis sehr beeindruckt: Neben der Feuerstelle sass die Hausfrau, ihr etwa dreijähriger Sohn und ein Nachbar. Sie waren mit der Zubereitung des Abendessens beschäftigt: «Momos», eine Art Ravioli, waren vorgesehen. Die Frau formte kleine Kügelchen aus Teig, die der Kleine mit seinen ziemlich dreckigen Händchen in Empfang nahm und auf eine Art Presse pflatschte. Er musste einen schweren Hebel hinunterdrücken, was den Einsatz seines ganzen Gewichts verlangte. Vorsichtig löste er dann die flachgedrückten Plätzchen los, reichte sie dem Nachbarn weiter, der sie mit Gemüse füllte. Es dauerte sicher mehr als zwei Stunden, bis alle «Momos» bereit waren. In dieser Zeit unterhielten sich die Erwachsenen in ruhigen Gesprächen, während der Kleine ein grosses Vergnügen hatte an den Teigbällchen, öfters mal ein Figürchen daraus formte, bevor es auf die Presse kam, und auch mal ein Plätzchen auf den Boden fallen liess. Aber er hielt zwei Stunden lang durch. Er liess sich nicht ablenken. Indem er gleich «nützlich» wie die Erwachsenen war, spielte und arbeitete er in einem.

Für die Kinder tut sich eine ganze Spielwelt auf, wenn sie nur schon an den alltäglichen Verrichtungen teilnehmen. Allerdings nur unter der Bedingung, dass wir ihnen die Freiheit geben, eigene Wege zu gehen und Neues auszuprobieren.

Sie brauchen in vielen Situationen keine Anleitung von uns Erwachsenen. Wir müssen ihnen nur Spiel**raum** lassen, ihre Phantasie und Kreativität auszuleben. Es braucht keine besonderen Anstrengungen unsererseits; wir sollten bloss ihre Spiele nicht verhindern und mögliche Gefahrenmomente dabei ausschalten.

Kurz: Kinder brauchen möglichst oft vielfältige Gelegenheiten zum Ausprobieren, Entdekken, Erfahren und Spüren.

Den Körper verwandeln

Alle Kinder lieben es, sich zu verkleiden und zu schminken und so in eine andere Haut zu schlüpfen. Welche Herausforderung und welche Bereicherung, für einige Zeit aus der Rolle, aus dem bekannten und gewohnten Verhalten auszubrechen! Ein Tuch schräg übers Auge – und als Pirat steht einem der ganze Ozean zur Verfügung; mit Schminke eine Fratze aufs Gesicht gezaubert – und endlich darf man richtig böse, wild und dämonisch sein; Schleierchen und Tücher, Lippenstift und Fingernagellack – und das Prinzessinnengefühl ist da . . . Einmal sich wunderschön fühlen, stark, gefährlich, tolpatschig, eitel, draufgängerisch, schüchtern, anziehend, bedrohlich oder grimmig hässlich . . .

Im Spielen mit dem eigenen Ich tut sich uns ein Freiraum auf, haben wir die Möglichkeit, Seiten von uns herauszukehren, die sonst eher im Verborgenen bleiben. Es ist, als könnte man sich für Momente in einem anderen «Haus» einmieten und ausprobieren, wie sich darin leben lässt.

Alle Sinne sind beim Theaterspielen angesprochen, und das Theaterspielen ist in sich selbst ein sinnliches Erlebnis. Oder wie dies ein Schauspieler ausdrückte: «Sprechen ist ein Tanz für die Ohren und Gestik Musik für die Augen.» Der Schauspieler setzt seinen ganzen Körper ein, um sich auszudrücken. Mit seinen Bewegungen, Gesten, Blicken, mit seinem Mienenspiel und seiner Stimme vermag er uns völlig in seinen Bann zu ziehen. Diese totale physische Präsenz ist ihm nur möglich, weil er zu seinem Körper ein enges Verhältnis hat, weil er sich mit allen seinen Sinnen aller seiner Ausdrucksmöglichkeiten bewusst ist. Dieses intensive Körpergefühl ist wohl auch das, was die Kinder immer wieder fasziniert, was sie in ihren Verkleidungsspielen geniessen.

Um das vierte, fünfte Altersjahr beginnt bei den meisten Kindern eine Zeit, in der sie nicht nur wissen, dass es zwei Geschlechter gibt, sondern dass sich das auch im Verhalten auswirkt. Sie stellen fest, dass Knaben und Mädchen verschieden behandelt, dass an sie unterschiedliche Ansprüche und Erwartungen gerichtet werden.

Im Theaterspiel kann spielerisch erlebt werden, wie das wohl wäre, wenn man ein anderes Geschlecht hätte . . .

Dieses Spielen mit dem Ich ist eine Wegmarke auf der Suche nach der Identität. Das Mädchen realisiert, dass es eine kleine Frau ist, der Junge, dass er ein kleiner Mann ist und dass dies über die rein körperlichen Konsequenzen hinaus von entscheidendem Einfluss auf sein späteres Leben sein wird.

Die Kinder bombardieren die Eltern mit Fragen über deren Beziehung – wie sie sich kennengelernt und allenfalls verlobt haben. Sie wollen Auskunft über die Hochzeit. Sie möchten wissen, wie und wann sie selber Kinder haben können. Im Rollenspiel werden all diese Informationen verarbeitet. Die Kinder identifizieren sich mit Vater und Mutter. In unzähligen Variationen spielen sie «Müeterlis und Väterlis». Sie bringen Puppen und Teddybären zur Welt und finden unbändigen Spass daran, die Körperformen zu betonen, indem sie Bälle und Kissen unter die Kleider stopfen. Es ist dies auch die Zeit der Eifersucht auf den gleichgeschlechtlichen Elternteil. Der Vater bekommt von seinem Sohn unter Umständen zu hören: «Papi, ich bin jetzt der Vater, und du bist mein Sohn. Du musst dich jetzt waschen, und ich geh mit Mami ins Bett.» Die Tochter sagt vielleicht: «Mami, wenn du jetzt dann ins Krankenhaus musst, dann heirate ich den Papi.»

Oft sind diese Äusserungen auch mit Aggressionen verbunden. In dieser Phase ist es sehr wichtig, dass sich die Mutter ihrer Tochter und der Vater dem Sohn gegenüber sehr geduldig und verständnisvoll zeigt. Je positiver das Kind das gleichgeschlechtliche Vorbild erlebt, um so eher wird es die Zeit der kindlichen Sexualforschung mit dem Finden seiner sexuellen Identität abschliessen können und bereit sein für den nächsten Entwicklungsschritt.

Beim Theaterspielen sind alle Sinne angesprochen, was es zu einem sinnlichen Erlebnis macht, in dem die Kinder auch etwas von ihrer Sinnlichkeit ausleben und in dem sie einen Hauch von Erotik ausstrahlen dürfen. Diese Erfahrung machte ein Elternpaar, als ihre Kinder Freundinnen übers Wochenende eingeladen hatten: «Während geraumer Zeit hörten wir nur aufgeregtes Gekicher und Getuschel aus dem Kinderzimmer. Dann erfolgte die Ankündigung, in einer Stunde gebe es eine Theatervorführung. Wir setzten uns gespannt hin, und dann traten die Kinder geschminkt und aufgetakelt, phantasievoll verkleidet als Disco-Girls auf. Sie legten eine Kassette mit Musik von Elvis auf, ahmten seine Art zu singen nach, tanzten und verrenkten sich sehr sexy dazu. Besonders verblüffend war, dass dasjenige Mädchen, das sich erstaunlich begabt als Disco-Girl zeigte, sonst eher scheu und schüchtern war. Im Moment, wo es sich ja nicht mehr „wirklich" um es selber handelte, konnte es sich all die lustvollen, freien Bewegungen gestatten.»

Ich denke auch an jene beiden Kinder, die auf ihrem Heimweg vom Kindergarten immer am Aushang eines Night-Clubs vorbeigehen müssen. Sie haben ihre Eltern gefragt, was die Frauen da eigentlich machen würden, und haben das Etablissement «Cabaret Füdliblutt» getauft. Während geraumer Zeit wurde nun nicht nur das Verkleiden, sondern auch das Entkleiden und das Posieren in allerlei neckischem Aufputz zu einem begehrten Spiel.

Kinder sind so erfinderisch, dass sie wahrlich keine Ideen von seiten der Erwachsenen brauchen. Sie brauchen nur Raum, verschiedene Materialien (Hüte, Kleider und Schuhe für den Theaterkoffer sammeln!) und schliesslich uns als dankbares Publikum. Die Eltern sollten ihre Kinder hier frei gewähren lassen und auch die Chance nutzen, plötzlich ganz verblüffende neue Seiten an ihnen zu entdecken.

Bewegung – Spiel mit der Freiheit

Dem Wort «Bewegungsschulung» haftet für mich ein Beigeschmack an von «den Körper stählen», «trimmen», ihn mit Gymnastik und Sport «in den Griff bekommen». Auch die neuen Modesportarten wie Jogging und Aerobics lassen mich an Fitness denken, an die Notwendigkeit, sich nun einmal wieder zu bewegen, weil man zuviel sitzt im Büro und vor dem Fernseher oder weil die Linie nicht mehr der Idealvorstellung entspricht.

Nichts gegen Sport und Fitness. Aber geht es vielen Leuten nicht weniger darum, ihren Körper in Bewegung zu spüren, als darum, etwas zu leisten, Kilometer zu fressen und Kalorien zu verbrennen?

Man sieht, wie sie sich keuchend durch den Wald quälen und das schönste Vogelgezwitscher überhören; und weil sie sich nach fremden Massstäben abstrampeln, werden sie nie das Hochgefühl desjenigen erleben, der locker und seinem inneren Rhythmus folgend leicht dahintrabt.

In der Bewegung finden wir manchmal für kurze Momente ein Stück Freiheit: wenn auf der Skipiste Gelände, Schnee und unsere Bewegungen in einem Rhythmus verschmelzen; wenn wir auf dem Surfbrett Wind, Wellen und unseren Körper zu einer Einheit zusammenbringen; wenn wir Musik in Bewegungen umsetzen . . . Es gibt unendlich viele Möglichkeiten. Alle Menschen erleben diese Augenblicke von Harmonie in einem anderen Bereich und auf ihre ganz eigene Weise. Manche haben ein grosses Bewegungsbedürfnis – verfügen über Ausdauer; andere verspüren mehr Freude an spielerischen Bewegungen – ermüden vielleicht schneller. Jeder Körper reagiert verschieden – man muss selber spüren, was für seinen Körper richtig ist und ihm Freude und Lust bereitet.

Wird Bewegung mit Zwang verbunden, wächst sich das oft zu eigentlichen Horrorerlebnissen aus. Es ist falsch, sich nach fremden Massstäben oder äusseren Leistungsnormen zu richten. Es geht nicht darum, auf verkrampfte Art ein Soll zu erfüllen.

Je besser wir unseren Körper kennen, desto genauer werden wir auf ihn hören und seine Wünsche nach Bewegung ernst nehmen. Dabei gilt es, die Bewegungsart zu finden, die für uns selber stimmt, und vor allem auch das richtige Mass zu finden. Dann wird man nicht mehr einem fernen Ziel nachrennen, sondern es geniessen, sich zu bewegen. Und man wird ausruhen, wenn der Körper meldet, dass er nun wieder Erholung braucht.

Mit Bewegung beginnt alles . . .

Vom Zeitpunkt der Zeugung an ist unser Körper Bewegung, immerfort Bewegung – Wachsen, Reifen und Auflösung.

Während der ersten neun Monate unseres Lebens sind wir sanft im Mutterleib geschaukelt worden.

«Wie war das Leben im Mutterleib?
War es nicht erfüllt mit Lauten und Geräuschen vom Körper der Mutter und von der Aussenwelt?
Vor allem aber war es Bewegung.
Beständige Bewegung.
Wenn die Mutter sitzt, wenn sie läuft, steht, sich wendet:
Bewegung, Bewegung, Bewegung.
Angenehm und beruhigend für das kleine Wesen in ihr.
Manchmal ist die Mutter still, sie sitzt oder liegt, doch selbst wenn sie schläft, bleibt ihr stetes, sicheres Atmen und wiegt den kleinen Reisenden in ihr, sanft und beständig.
Endloses Fliessen von Empfindungen und Bewegungen,
ohne Unterlass, Tag und Nacht.» (Leboyer)

Wir spüren die innere Bewegung, den Rhythmus unseres Körpers im Herzschlag, im Pulsieren des Blutes und im stetigen Atmen und möchten diese Bewegung auch wieder in Bewegung, in Tanz und Musik ausdrücken.

Wir sagen: «Das bewegt mich tief», und wir meinen damit, dass wir in unserem Innern berührt, dass unsere Gefühle bewegt worden sind.

Und wenn ein Baby weint, weil ihm die Welt so fremd, so unheimlich ist, wird jedermann das kleine Wesen, als sei dies ein Instinkt, in seine Arme nehmen und mit sanftem Wiegen beruhigen – überall auf der Welt.

Bewegung geniessen

Gleichgewicht und Hindernisse

Bewegung heisst, seinen Körper zu erfahren, das Pulsieren der Energie zu spüren, die beim Laufen, Rennen, Springen und Tanzen frei wird. In der Bewegung drückt sich auch die innere Bewegtheit aus: in Bewegung sein, in Bewegung bleiben, sich verändern, offen sein für Neues und seine Grenzen kennenlernen.

In der Bewegung spürt das Kind seinen Körper unmittelbar – es spürt sich selber mit allen seinen Fasern. Es jauchzt lauthals heraus, wenn es auf der Schaukel durch die Luft fliegt und sich einen Moment lang schwerelos zwischen Himmel und Erde fühlt. Es geniesst den Angstschauder vor dem Sprung in die Tiefe. Es lässt sich beim Rennen vom Wind streicheln. Es spürt, wie das Herz klopft, wie der Atem schneller geht, wie Schweiss die Haut bedeckt und wie die Energie im ganzen Körper kribbelt – es spürt sich leben, fühlt sich lebendig in seinem Körper.

Bewegung ist aber auch eine ständige Herausforderung für das Kind. Es möchte noch schneller rennen, noch höher klettern und noch mutiger springen können. Die Hindernisse, mit denen es konfrontiert wird und an denen es seine Kräfte messen will, helfen ihm, auf seinem Weg weiterzukommen, sich zu entwickeln. Es merkt, wie es auf seine eigene Kraft vertrauen kann, um etwas zu erreichen.

Welcher Triumph, welcher Stolz, wenn es dem Kind nach unzähligen, anstrengenden Versuchen gelingt, endlich frei über eine Stange zu balancieren, auf Stelzen zu laufen oder Velo zu fahren! Dieses Hochgefühl ist wesentlicher als alles Lob von fremder Seite, weil sich das Kind für einen Augenblick mit sich im Gleichgewicht gespürt hat – ein Augenblick des Glücks, wenn Aussen und Innen stimmen und miteinander im Gleichgewicht sind. Genauso wichtig wie Erfolgserlebnisse und die Freude über Fortschritte sind Konfrontationen mit den eigenen Grenzen. Es kann schwierig sein, damit fertig zu werden, vielleicht nie so gut Fussball spielen, so graziös tanzen, so geschickt klettern und so kunstvoll auf den Händen laufen zu können wie einige andere Kinder. Schwierig auch zu akzeptieren, dass der Apfelbaum im Garten allen Kletterversuchen zum Trotz unbezwingbar bleibt.

Wie es diese Situationen überwinden kann, hängt vor allem vom Verhalten der Eltern

ab. Es gibt, glaube ich, kaum etwas Schlimmeres für ein Kind, als von den Eltern in einem solchen Moment blossgestellt zu werden oder zu hören zu bekommen, dass sich die Schwester oder das Nachbarskind viel geschickter und mutiger anstellt. Als ob das Kind nicht selber wüsste, nicht selber gemerkt hätte, dass ihm etwas noch nicht gelingt oder etwas misslungen ist. Nicht nur der Vergleich mit anderen, auch falsches Lob schmerzt. Eine tröstende Umarmung wird hingegen dem Kind ohne viele Worte mitteilen: «Du bist schon in Ordnung, ich habe dich gern, so wie du bist. Hab Geduld mit dir, vielleicht wird es dir eines Tages gelingen.»

Aus den Misserfolgen wird das Kind eine realistische Einstellung zu sich selber und seinen Fähigkeiten gewinnen. Es ist wichtig, dass das Kind aus diesen Körpererfahrungen, aus dieser Selbsterfahrung heraus lernt, auf sich selber zu achten.

Je besser es auf seinen Körper hört, je genauer es seinen Körper und dessen Reaktionen kennt, um so verantwortungsbewusster wird es mit sich selber umgehen und nicht Gefahr laufen, sich zu überschätzen oder zu überfordern.

Die meisten kennen aus der Kindheit ähnliche Situationen: Wir sind im Schwimmbad in einer Gruppe von Kindern. Wir müssen vom Sprungbrett hinunterspringen. Wir haben Angst, es ist viel zu hoch. Wir verkrampfen uns, die anderen beginnen uns auszulachen, wir wollen doch beweisen, dass . . . Wir schliessen die Augen, im Magen wird es uns flau, . . . Unter Druck gesetzt haben wir uns vielleicht zu etwas gezwungen, wozu wir noch gar nicht bereit gewesen sind. Häufig haben wir uns genau in solchen Situationen auch verletzt. Kein Wunder, denn ein verkrampfter Körper kann den Sprung nicht richtig auffangen.

Wenn Kinder wissen, was ihrem Körper Spass macht, was ihm gut tut, dann werden sie eher auch den Mut haben zu sagen: «Da mache ich nicht mit, das will ich nicht.»

Bewegung ist für das Kind eine der sinnlichsten Erfahrungen schlechthin. An Ideen mangelt es den Kindern kaum, dafür um so mehr an Platz und Freiraum! Von Bewegungsspielen, die zudem mit Körperkontakt verbunden sind, können Kinder nie genug bekommen.

141

Schiffli faare

Schiffli faare uf em See,
han i schöni Fischli gsee,
chunnt en Wind und
chunnt en Schturm,
blast das chline Schiffli um.

Wir liegen auf dem Rücken und legen über unsere angewinkelten Beine eine Decke. Das Kind setzt sich in dieses «Schiffchen» hinein. Wir wiegen das Schiff zuerst sanft, dann immer stürmischer hin und her, bis es am Schluss «kentert».

Geissäriite

Mis Chindli macht ä Reis.
Es riitet uf dä Geiss.

Das Kind sitzt im Reitersitz auf unseren Knien.
Wir wippen mit den Knien auf und ab.

Und wott si nümä fürsi gaa,
so bliibt si halt äs Wiili schtaa.

Die Knie hören mit den Wippbewegungen auf.

Dänn säit si «soo»
und schpringt dävoo.

Unsere Beine bewegen sich immer schneller auf und ab.

Grad wie nöd gschiid
Und s Chindli liit,
ich weiss nöd woo,
oh, oh, ooh . . .

Unsere Knie werfen den Reiter ab.
Wir lassen das Kind auf den Boden gleiten.

Du tummi Geiss!
Verbii isch d Reis!

Zum Trost gibt's einen Kuss!

• Der Vater oder die Mutter liegt auf dem Rücken und lässt das Kind auf den ausgestreckten Füssen als «Flugi» balancieren.

• Kind an beiden Händen oder an einer Hand und an einem Fuss fassen und im Kreis um sich herumschwingen.

• Kind sitzt am Boden. Man fasst zwischen den gegrätschten Beinen dessen Hände und zieht es vor sich hoch in die Luft.

• Zu zweit gehen, Kind in der Mitte, an den Händen fassen und nach vorn in die Luft schwingen.

• Kind liegt am Boden. Jemand fasst es an den Händen, der andere an den Füssen – nun wird es hin- und hergeschwungen.

Festhalten und Loslassen

Mir ist das Thema «Bewegung» deshalb wichtig, weil es so genau aufzeigt, was in der Erziehung auf verschiedenen Ebenen immer wieder abläuft: Es geht um die Lust der Kinder, den Moment auszukosten, völlig und ganz in etwas aufzugehen, alle Gefahren vergessend. Es geht um die Lust, neue Gebiete und Bereiche zu entdecken, sich immer weiter vorzuwagen. Für die Eltern ist dies tatsächlich keine leichte Aufgabe, ihre Kinder auf der Gratwanderung zwischen Lust und Gefahr zu begleiten.

Das Bewegungsbedürfnis des Kindes stellt eine Bedrohung dar. Im Wort «be**weg**en» steckt die Bedeutung **Weg,** auf den Weg gehen, und **weg,** fortgehen. **Dieser lange Weg, der zur Selbständigkeit, zur Unabhängigkeit führen wird, beginnt schon in den ersten Lebensmonaten des Kindes.** Als Baby braucht es die totale Sicherheit und Geborgenheit, die Gewissheit, dass da jemand ist, der die Verantwortung völlig übernimmt. Aber schon nach einigen Wochen beginnt es sich vorsichtig auf seinen eigenen Weg zu machen, löst es sich langsam von seinen Eltern ab. Das Kind bewegt seine Finger, seine Glieder, es lernt sitzen und krabbeln, stehen und gehen. Wurzelnd im Grundvertrauen, das es in den Armen der Eltern gespürt hat, wird es sich mit Selbstvertrauen von den Eltern wegbewegen. Hier das richtige Mass zu finden zwischen Festhalten (fest in den Armen halten) und Loslassen (ohne dabei von sich wegzustossen), das ist eine der grundsätzlichen Aufgaben in der Erziehung.

Dieses unsichtbare Band, das gleichzeitig Sicherheit wie auch Freiheit bedeutet, hat Kierkegaard vor mehr als hundert Jahren so beschrieben: «Die liebende Mutter lehrt ihr Kind, allein zu laufen. Sie ist weit genug von ihm entfernt, um ihm keine wirkliche Unterstützung bieten zu können, doch sie streckt ihm die Arme entgegen. Sie ahmt seine Bewegungen nach, und wenn es schwankt, beugt sie sich rasch nieder, als wolle sie es festhalten, so dass das Kind glauben könnte, es liefe nicht allein – und dennoch tut sie mehr. Ihr Blick, mit dem sie das Kind heranwinkt, ist wie eine Belohnung, eine Ermutigung. So läuft das Kind allein, während seine Augen auf das Gesicht der Mutter gerichtet sind und nicht auf die Schwierigkeiten, die auf seinem Wege liegen. Es hilft sich selbst durch die Arme, die es nicht halten – es strebt beständig der Zuflucht in den Armen der Mutter zu. Dabei ahnt es kaum, dass es in eben dem Augenblick, in dem es sein Bedürfnis nach ihr zeigt, beweist, dass es ohne sie auskommen kann, weil es allein läuft.»

Natürlich macht es uns Angst, wenn wir den Zweijährigen auf dem Fenstersims oder den Grösseren zuoberst auf dem Baum entdecken. Mir stockte jeweils der Atem, wenn meine Schüler zuoberst auf der Kletterstange sassen, locker hinunterwinkten, bereit, noch viel lässigere Kunststücke auszuprobieren. Aber ich wusste: Ich darf sie jetzt nicht irre machen in ihrem sicheren Gefühl. Sie dürfen meine Angst nicht merken, sonst werden sie selber verunsichert und ängstlich.

Ich meine, dass es für die Eltern dann besonders schwierig sein kann, dem Bewegungsbedürfnis des Kindes nachzukommen, wenn es um den sexuellen Bereich geht. Mit heimlicher Angst, Zweifeln und Unsicherheiten muss man zuschauen, wie das Kind seinen Weg gehen will, seine Erfahrungen machen muss. Wie oft wird das Kind ängstlich umklammert, weil im Grunde genommen nicht gewünscht wird, dass es sich bewegt, von den Eltern fortbewegt. Diese Ängstlichkeit ist ansteckend und erschwert oder verhindert sogar, dass sich das Kind von seinen Eltern ablösen kann. Ängstlichkeit und Verunsicherung sind keine echten Starthilfen für den Lebensweg.

Das «Nest» für die Kinder muss gut gepolstert sein – aber dann gilt es, sorgsam abwägend immer mehr Raum zu lassen für das Bewegungsbedürfnis, das sich im Streben nach Selbständigkeit und Unabhängigkeit äussert.

Anhang

Literatur

Bell, R.: wie wir werden – was wir fühlen. Ein Handbuch für Jugendliche über Körper, Sexualität, Beziehungen. Reinbek 1982

Borneman, E.: Reifungsphasen der Kindheit. Sexuelle Entwicklungspsychologie Bd. 1. Wien – München 1981

Brocher, T.: Psychosexuelle Grundlagen der Entwicklung. Informationen für Lehrer und Eltern. Opladen 1971

Herzka, H. S.: Das Kind von der Geburt bis zur Schule. Bilderatlas und Texte zur Entwicklung des Kindes. Basel (6.), 1984

Hellbrügge, Th. (Hg.): Die Entwicklung der kindlichen Sexualität. Fortschritte der Sozialpädiatrie; Bd. 6, München – Wien – Baltimore 1982

Kentler, H.: Eltern lernen Sexualerziehung. Reinbek 1981

Leboyer, F.: Sanfte Hände. Die traditionelle Kunst der indischen Baby-Massage. München (4.), 1983

Lowen, A.: Der Verrat am Körper. Reinbek (2.), 1983

Meierhofer, Marie: Frühe Prägung der Persönlichkeit. Psychohygiene im Kindesalter. Bern, Stuttgart, Wien (4.), 1981

Montagu, A.: Körperkontakt. Die Bedeutung der Haut für die Entwicklung des Menschen. Stuttgart (3.), 1982

Moser, T.: Grammatik der Gefühle. Mutmassungen über die ersten Lebensjahre. Frankfurt am Main 1983

Schmeer, Gisela: Das sinnliche Kind. Stuttgart 1975

Scholz, R., und Schubert, P.: Körpererfahrung. Die Wiederentdeckung des Körpers: Theater, Therapie und Unterricht. Reinbek 1982

Sichtermann, Barbara: Leben mit einem Neugeborenen. Ein Buch über das erste halbe Jahr. Frankfurt am Main (5.), 1983

Stöcklin-Meier, Susanne: Verse, Sprüche und Reime für Kinder. Zürich (10.), 1983

Stöcklin-Meier, Susanne: Spielen und Sprechen. Alte und neue Wortspiele mit Fingern, Händen, Füssen, Schatten, Requisiten. Zürich (5.), 1982

Stone, J./Church, J.: Kindheit und Jugend. Stuttgart 1978

van Ussel, J.: Sexualunterdrückung. Geschichte der Sexualfeindschaft. Giessen (2.), 1979

Bücher für die Kinder

Mein erstes Buch vom Körper. Unser Körper – wie er wächst, wie er arbeitet, was er braucht, von Joe Kaufmann (Otto Maier Verlag, Ravensburg), ab 8 Jahren

Diese beiden Bücher erklären in kindgerechter Sprache und mit klaren Bildern körperliche Vorgänge. Sie geben Antwort auf Fragen wie: Warum schwitzt die Haut, wieso niessen wir, wie entwickelt sich ein Baby, was geschieht bei der Verdauung usw.

Ein Kind entsteht, von L. Nilsson (Mosaik-Verlag), ab 3 Jahren

Nilsson ist es gelungen, Embryos im Mutterleib zu fotografieren. Das Kind kann sich dank der sehr schönen Fotos vorstellen, wie seine Entwicklung vor der Geburt verlaufen ist. Faszinierend für Kinder aller Altersstufen.

Wie Vater und Mutter ein Kind bekommen, von Per Holm Knudsen (Quelle & Meyer Verlag), ab 4 Jahren

Mit sehr einfachen Worten und Zeichnungen wird geschildert, was geschieht, wenn Vater und Mutter ein Baby bekommen.

Mann + Frau. Eine Sexualkunde, von G. Tordjman u. a. (Tessloff Verlag), 5 Bände, ab 7 Jahren für verschiedene Altersstufen.

Sehr genaue und ausführliche Informationen, die dem Wissenstand, den spezifischen Problemen und Fragen der verschiedenen Altersstufen angepasst sind.

Das Buch vom Liebhaben von Martin Furian (Quelle & Meyer Verlag), ab 10 Jahren

Gute Informationen in einer offenen und klaren Sprache.

Peter, Ida und Minimum. Familie Lindström bekommt ein Baby, von G. Fagerström / G. Hansson (Otto Maier Verlag, Ravensburg), ab 6 Jahren

Auf ausserordentlich liebevolle und lustige Weise werden die Freuden, Schwierigkeiten und Fragen geschildert, die in einer Familie entstehen, weil ein Baby erwartet wird. In Comic-Form. Auch bei älteren Kindern sehr beliebt.

Tanja und Fabian. Ein Bilderbuch für 4- bis 8jährige, von J. Brauer / G. Regel (Gütersloher Verlagshaus), ab 4 Jahren

Ein Buch mit sehr schönen Fotos, das auch auf verschiedene Formen des Zusammenlebens eingeht und das Rollenverhalten hinterfragt.

Kein Kuss für Mutter, von Tomi Ungerer (Diogenes Verlag), ab 8 Jahren.

Eine zärtliche Geschichte von einem Katzenkind, dem die Zärtlichkeiten seiner Mutter auf die Nerven gehen.

Adam hinter dem Mond. Zärtliche Geschichten, von Hans Manz (Beltz Verlag), ab 9 Jahren

Liebesgeschichten für Kinder sind rar. Dieses Buch erzählt auf schlichte Weise von der Zärtlichkeit, wie Kinder sie erfahren.

Ben liebt Anna. Kinderroman, von Peter Härtling (Beltz Verlag), ab 10 Jahren

Der zehnjährige Ben verliebt sich in ein Mädchen, das neu in die Klasse kommt. Sehr einfühlsam werden seine Gefühle dargestellt – Freude, Eifersucht, Angst vor dem Ausgelachtwerden, Aufregung und Streit – Reaktionen der Familie und der Mitschüler.

Bücher für die Eltern

Sanfte Hände. Die traditionelle Kunst der indischen Baby-Massage, von Frédérick Leboyer (Kösel-Verlag, München)

Auf eindrückliche und stimmungsvolle Weise beschreibt Leboyer die Kunst und Technik der indischen Baby-Massage. Ein «Muss» für alle Eltern, die sich eingehender mit Baby-Massage befassen möchten.

Das sinnliche Kind, von Gisela Schmeer (Ernst Klett-Verlag, Stuttgart)

Ein Sinnlichkeit ausstrahlendes Buch, das aufzeigt, in welche Lebensbereiche Sinnlichkeit hineinspielt, und das Mut macht, Sinnlichkeit bei sich und den Kindern wieder zu entfalten.

Leben mit einem Neugeborenen. Ein Buch über das erste halbe Jahr, von Barbara Sichtermann (Fischer-Taschenbücher 3308, Frankfurt am Main)

Mit vielen Vorurteilen über Babypflege wird in diesem Buch aufgeräumt. Erwachsene werden ermutigt, mit dem Baby wirklich «zusammen zu **leben»,** anstatt es nach Vorschriften und Leitfäden zu versorgen. Wertvolle Überlegungen zu Stillen, Pflege und Schlafgewohnheiten.

Auf der Suche nach dem verlorenen Glück. Gegen die Zerstörung unserer Glücksfähigkeit in der frühen Kindheit, von Jean Liedloff (Verlag C. H. Beck, München)

Auf einer Reise in den Dschungel Venezuelas lernt die Autorin ein Indianervolk kennen, bei dem es «Unglücklichsein» nicht gibt. Sie erkennt, dass dies vor allem mit der Art und Weise, wie die Babys behandelt werden, zusammenhängt. Das Buch zeigt auf, wie in unserer Gesellschaft die angeborene Glücksfähigkeit verschüttet wird.

Frühe Prägung der Persönlichkeit. Psychohygiene im Kindesalter, von Marie Meierhofer (Verlag Hans Huber, Bern)

Ein Buch über die Bedeutung der frühen Kindheit für die Persönlichkeitsentfaltung des Kindes. Es beschreibt den Verlauf der verschiedenen Entwicklungsphasen und geht auf seelische Schädigungen und Entwicklungsstörungen ein.

Eltern lernen Sexualerziehung, von Helmut Kentler (rororo-Taschenbuch 7440, Rowohlt-Verlag, Reinbek bei Hamburg)

Für Eltern, die sich eingehender mit den Fragen der kindlichen Sexualität auseinandersetzen möchten. Die verschiedenen Phasen der sexuellen Entwicklung des Kindes werden ausführlich beschrieben. Viele Gedanken, wie Eltern partnerschaftlich mit ihren Kindern Sexualität in das Familienleben integrieren können, vor allem auch für die Zeit der Pubertät und das Jugendlichenalter.

wie wir werden – was wir fühlen. Ein Handbuch für Jugendliche über Körper, Sexualität, Beziehungen, von Ruth Bell (rororo-Taschenbuch 7676, Rowohlt-Verlag, Reinbek bei Hamburg)

Ein Handbuch für Jugendliche, das aber auch Erwachsenen viele Informationen über Sexualität und

Beziehungen gibt. Eine Hilfe auch, Kinder beim Älterwerden zu begleiten und mit ihnen den richtigen Ton zu finden.
Viele Jugendliche erzählen darin, wie sie Sexualität erleben, und geben so den Erwachsenen eine Möglichkeit, sich in sie hineinzufühlen.

Verse, Sprüche und Reime für Kinder. Spielen und Sprechen. Alte und neue Wortspiele mit Fingern, Händen, Füssen, Schatten, Requisiten, von Susanne Stöcklin-Meier (Verlag Pro Juventute, Zürich)

Zwei Sammlungen von Versen und Bewegungsspielen, die den Eltern viele Ideen für Berührungs- und Streichelspiele geben.

Was Sie Ihrem Kind schon lange über Liebe und Sex sagen wollten, Sexualerziehung in der Familie von Willy Canziani und Dorothea Meili (Verlag Pro Juventute, 3. Auflage 1991)

Nicht allen Eltern fällt es leicht, mit ihren Kindern über sexuelle Dinge zu sprechen – nicht etwa, weil ihnen die dazu nötigen Informationen fehlen würden, sondern weil sie die Worte für ein offenes und ungezwungenes Gespräch nicht finden. Besonders schwierig erscheint es ihnen, den Kindern gegenüber zuzugeben, dass Sexualität zwar Freude und Lust bereitet, oft aber auch mit Gefühlen der Enttäuschung und Angst verbunden ist. Das Gespräch über sexuelle Dinge kann gelernt werden, auch wenn Eltern nicht gewohnt sind, über Gefühle zu reden. Dieses Buch ist eine Hilfe für alle Eltern, die der Sexualentwicklung ihrer Kinder Aufmerksamkeit schenken und diesen Bereich in den Erziehungsalltag der Familie mit einbeziehen wollen. Es wendet sich an Eltern mit Kindern jeden Alters, vom Kleinkind bis zum jungen Erwachsenen.

Mit den Augen eines Kindes, von Peter Lorie (Mosaik Verlag 1991)

Entdecken Sie eine Welt voll Fantasie, Freude und Schönheit. Wer ihren Zauber wieder findet, wird sich und seinen Kindern näher sein.

Der ganz besondere Buchtip

Von *Marcella Barth* und *Ursula Markus* ist ausserdem erschienen:

Unter Kindern

oder Wenn kleine Hände uns entführen

Kinderhände, vertrauensvoll sich selber überlassen, bauen Geschichten zum Schmunzeln, zum Nachdenken, zum Miterleben. Vergnügt und ausgelassen wird's natürlich dann, wenn viele kleine Händepaare zusammen spielen dürfen. Dies ist häufig nur noch in einem geschützten Freiraum möglich – zum Beispiel in einer Spielgruppe.
Stimmungsvolle Bilder und filmartige Sequenzen erzählen zusammen mit einfühlsamen Texten und authentischen Kinderdialogen vom Spielgeschehen – Aufregendes, Liebevolles, Sinnliches und Schmerzliches.
In einem Begleitteil verrät Spielgruppenleiterin Lucie Hillenberg 133 Tips fürs Zusammensein zu Hause und in der Spielgruppe.
Ein Lesegenuss für alle, die Kinder lieben und gern mit ihnen verspielte Tage verbringen.
248 Seiten, mit vielen farbigen Fotos, Format A4, broschiert. Fr./DM 42.–, ÖS 328.–. Verlag Spielgruppen-Werkstatt Dübendorf/Verlag Pro Juventute Zürich.